ATANDO CABOS

Pº Pamplona, 1, 7º

50004, Zaragoza

www.sibirana.com

info@sibirana.com

Diseño y maquetación: Carlos Rodriguez - Trifolio

Impresión: Tipo Línea SA

ISBN: 978-84-124156-8-1

Depósito Legal: Z 790-2024

Impreso en España

ATANDO CABOS

Concha Vidal

COLECCIÓN

A la Vida por darme aire, oportunidades
y recordarme que es un ¡frenesí!

ÍNDICE

Introducción

Introducción

Este libro es resultado de un desafío. Los editores me propusieron reflexionar sobre mi carrera profesional. Me pareció una propuesta emocionante que me ha obligado a revisar y refrescar recuerdos de mi vida como médico. Han sido cuarenta años.

Ahora aprecio que este ejercicio de reflexión y revisión ha sido un reto intelectual y emocional. Ha coincidido con una época muy dura y que, mientras terminamos de pulir estás páginas, todavía estoy viviendo. Me trasformé, de forma súbita y amarga, en paciente con una severa enfermedad. Estoy peleando contra un cáncer que nunca imaginé.

Es difícil. He llevado una vida intensa, dedicada al trabajo, a proyectos educativos, divulgativos… Por eso, parar todo de repente, constatar que la vida cambia de un día para otro, transforma radicalmente la perspectiva y también mi propia comprensión de lo humano. Aquí voy a contar algunos casos para mí significativos, que están en mi memoria. Es una combinación de recuerdo, olvido y conocimiento.

Los recuerdos habitan el corazón y la memoria. Se retienen, se recuperan, se transforman... Cada cual tiene los suyos, aquí contaré una porción de los míos. Es mi forma de releer el pasado, ahora, en este presente. Con las dosis correspondientes de olvido que define lo que sigo siendo y conozco. Ese conocimiento vital y emocional se entreteje con el profesional y médico.

El conocimiento intelectual, en el ámbito sanitario, aporta una base desde la que ayudar a los demás. Permite construir, por así decirlo, una ingeniería propia aplicada como avatar al paciente. En estos años he vivido de primera mano experiencias intensas. Posiblemente la más importante ha sido tomar conciencia de la confianza de los pacientes. Las decisiones, consensuadas mediante información, las posibilidades y la negociación, estaban en mis manos, decidiendo qué podría ser más conveniente para su salud. Al igual que las recomendaciones en diferentes aspectos clínicos. Eso es algo extremadamente satisfactorio y emocionalmente reconfortante.

También es una gran responsabilidad. Obliga a estudiar, a corroborar y protocolizar, a enseñar a otras personas para que el engranaje de la sostenibilidad se fundamente en el conocimiento y el buen hacer.

De hecho, a lo largo de mi vida laboral, salvo contadas excepciones, me he encontrado con profesionales con quienes he compartido muchas horas, motivadas y motivados, dispuestos a mejorar el sistema y a aportar su saber hacer. Han sido muchos años y muchas personas —pacientes, profesionales—, amigos y amigas o simplemente compañeros de viaje.

Hemos compartido un camino complicado. El apoyo formativo privado y el empeño profesional han mantenido este sistema público en funcionamiento, frente a las 'agresiones' de las listas de espera, el escaso tiempo de dedicación clínica y la 'compartimentación' de los sectores clínicos y de investigación.

En algunos momentos, sigo teniendo la sensación de haber quemado las naves en la labor clínica, en un sistema donde no se reconoce la dedicación y contribución individual al conjunto. Hemos caído en una trampa. Hemos integrado en nuestro genoma administrativo el 'efecto madrastrona' del sistema burocrático y sus torcidas preferencias.

La enfermedad da la perspectiva de la fragilidad. Cuando el tiempo se llena de cuidados dedicados sólo a uno mismo, a las propias constantes físicas y psíquicas, cuando tienes que aprender a mitigar el dolor y a mantener una comunicación con tus células que favorezca la recuperación y no deprima, con el estrés, tu sistema inmunológico más de lo debido.

Está claro que existe una relación entre inmunidad y cáncer. Nuestros conocimientos avanzan, pero el universo molecular es un inmenso océano de ignorancia y los tratamientos no sirven para todos los casos por igual o, directamente, son muy agresivos. El estrés de nuestras vidas, aparte de favorecer la oxidación molecular, la acidificación del medio interno, el acortamiento de los telómeros[1] y otras alteraciones en las bioseñales[2], nos pasa una factura que sólo el conocimiento nos permitirá controlar. Al menos, ese es el deseo.

No obstante, el sistema tampoco favorece el retardo de la apoptosis celular[3], pues promueve la falta de utilidad de profesionales largamente formados en sistemas de inserción laboral donde, a los sesenta, vale todo como si tuvieras treinta. Habría que mirar a otras sociedades donde saben aprovechar el conocimiento y la experiencia de una manera más creativa. Aquí padecemos una estupidez administrativa que ha generado desafección por el bien común ¡y de qué manera!

Agradezco a los emprendedores que todavía creen en las experiencias vitales como forma de vivir esta vida. Sirva esta oportunidad para comentar algunas experiencias y, me perdono —como decía el poeta Ovidio *'Veo el bien y lo apruebo, pero a veces sigo el mal'*— por los errores cometidos, aunque ha sido una experiencia llena de vida esta vivencia profesional que siempre había deseado, ser médico.

[1] Telómeros son partes del ADN de los cromosomas situados en sus extremos, que impiden que se rompa el cromosoma, se acortan y desgastan cada vez que la célula se divide.

[2] Bioseñales son todo tipo de variables, emitidas por los seres biológicos, que se pueden cuantificar en el tiempo.

[3] Apoptosis celular es una vía de muerte celular programada por el propio organismo con el fin de controlar su desarrollo y crecimiento.

| 1 | 1976

1

1976

Sobre la tutora monja, la universidad politizada y cómo andar con los autónomos

Eran tiempos turbulentos, los de la Zaragoza de 1976. La universidad un hervidero. Grupos, grupúsculos, partidos políticos buscaban entre los nuevos corazones sangre fresca para consolidar el cambio político, tanto tiempo deseado por la sociedad.

Entré joven en primero de Medicina, algo antes que con los criterios actuales. Estaba saliendo de una adolescencia familiar tensa e intensa. Tal vorágine incendiaba mis 'circuitos'. Tenía muchas dudas sobre lo académico, sobre la situación política. Más con el proselitismo que hacían las múltiples organizaciones, en particular, la izquierda de la hoz y el martillo y el nacimiento de los asamblearios.

Luego estaban los corrillos en las actividades académicas, donde las tendencias personales y políticas también contaban para la afinidad y para la aceptación personal. Eso era más importante que la competitividad feroz por la nota. Pese a la abundancia de futuros médicos, no era mi prioridad.

A mí me toco como tutora una monja. Daba Biología en primero de Medicina. Era bastante joven. Se notaba la diferencia generacional, pero podía hablar con ella. En particular porque su empatía era importante y sabía cómo ayudar. Ella residía en un colegio mayor cercano a la, entonces, 'Facultad Nueva de Medicina', a unos veinte minutos de mi casa, donde todavía vivía con mis padres. Pedía hora con ella y comentábamos las noticias de la semana, lo académico y lo mundano, aparte de lo político, las manifestaciones en la calle, los dimes y diretes, las mejoras a realizar.

Recuerdo que en aquella época cambiaron mis gustos y necesidades de calzado. Abandoné durante varias décadas los zapatos con algo de tacón. Pasé al zapato plano, a la zapatilla y, como mucho, a la bota campera, porque se corría mejor en las manifestaciones y así era más difícil acabar mal.

Era la época de las citas mediante el boca a boca, en algunos lugares de la desaparecida calle Cerdán, donde los del martillo tenían alquilados los pisos. Nos citaban por la tarde-noche a reuniones. Próximos estaban los de la hoz, en otros pisos francos cercanos. A los asamblearios les faltaba el rigor metodológico de la izquierda más curtida, pero respiraban comunicación por toda su piel.

En la España de entonces, estaban también los tocólogos comprometidos con la liberación de la mujer. Recetaban los anticonceptivos que se iban a buscar de forma selectiva a alguna farmacia de la ciudad, todavía abierta a día de hoy. Así se fueron fraguando muchos cambios en nuestra provinciana sociedad.

Aunque Dios no salía por casi ninguna parte, los nuevos movimientos cristianos estaban llegando. El compromiso social era la clave de la nueva religión. De hecho, en aquellas fechas del siglo XX, se hacia el servicio social durante un periodo de tiempo y así como los chicos lo posponían para hacerlo tras finalizar la carrera, muchas futuras médicos lo hacíamos en periodo escolar, con prácticas voluntarias, durante un periodo inferior en alguno de los hospitales.

A mí me tocó en el Hospital Nuestra Señora de Gracia. Tenía un servicio de Medicina Interna muy potente. Recogía a todos los marginados de la ciudad y no era infrecuente ver a los pacientes, con la policía a ambos lados de la cama. Allí aprendimos a hacer análisis. Algunos tenían frecuentes ingresos, como un ucraniano que recuerdo. Tenía una piel dura y de difícil acceso para realizarle las extracciones. Lo mejor de las calles adyacentes al Hospital se paseaba por hospitalización y sus consultas.

Después vinieron los meses en Medicina Interna y en Cirugía del Hospital Clínico Lozano Blesa, donde nos formamos la mayoría de los MIR *(Médico Internos Residente)* de nuestra especialidad en nuestra comunidad, fueron los primeros años de andadura de la especialización 'marca España', la vía MIR.

La monja —laica en muchos de sus planteamientos— supo ayudarme a encontrar el punto de equilibrio de mi yo interior. A mi manera, de forma 'religiosa', en una época cambiante tanto en la sociedad como en mi propia vida, acudía cada semana, al confesionario de su colegio mayor para contarle nuevos conflictos, incluso de la célula, porque entender la apoptosis celular programada nunca fue algo simple.

Pronto llegaría la independización. Me emancipé a temprana edad. Aprobar los estudios, los compromisos políticos. La vida siguió, aunque no igual.

2

Pistola en mano

Cuando la urgencia es lo segundo, el ataque de la paranoia por anfetaminas y el caso de la parafimosis

Homologar la sanidad en España vía MIR no siempre fue un camino fácil. En particular, las primeras generaciones de 'mires' sufrimos lo nuestro. La necesidad de uniformizar los criterios de calidad, las diferencias entre comunidades, las que utilizaban más recursos clínicos y con mejores resultados en las encuestas de población, frente a las que invertían también en investigación clínica y básica, dibujaban un sistema sanitario complicado.

En los años 80, estaba todo por hacer en las diferentes comunidades. Cataluña iba delante, con un gran tirón creativo tanto en Atención Primaria como en Especializada. En esta comunidad coexistían la medicina pública y la privada, la medicina más sofisticada y a cien metros, el consultorio más saturado, con menos calidad, con una presión asistencial infernal, obviamente, dependiente del mismo jefe clínico y del mismo hospital.

La aplicación por decreto de la llamada jerarquización de las plazas de especialistas por la cual se pasaba de trabajar en cupos de dos horas, a todo tren, con una presión asistencial imposible, a turnos de siete horas, hospital incluido, descentralización y turnos de trabajo hospital y consulta, —actualmente totalmente consolidado— hace treinta años, fue mal acogido por los profesionales porque la oferta era más trabajo por el mismo salario. Muchos prefirieron no optar por el cambio, los más jóvenes lo hicimos y así empezó el sacerdocio de la medicina y el cambio de perspectiva.

Los servicios de especialidades iban naciendo lentamente, al menos en nuestra comunidad y también en otras muchas. De la 'madre', de la Medicina Interna, aparecían los diferentes grupos de especialidad que iban cercando y delimitando sus competencias y desgarrando a la tan poderosa 'madre', a veces madrastra.

Los 'mires' hacíamos las urgencias. Unas veces eran en la puerta y otras veces en el interior de la casa. La realidad es que las urgencias de puertas eran bastante salvajes. Al final nos juntábamos los 'mires' pequeños, los de segundo año, etc. y se hacían comentarios asamblearios sobre los electrocardiogramas (ECG) y otras patologías, la supervisión y estructuración de la urgencia no tenía nada que ver con el desarrollo de este servicio y la profesionalización actual, tras con el devenir de los tiempos.

En una de aquellas noches de conocimiento comunitario donde circulaban los electros a todo ritmo y los diagnósticos iban y venían, donde preocupaba quien va a ser el próximo paciente, se podía tener una desconexión… y entonces, nada es lo que parece.

De repente entró una mujer joven, con una pistola en la mano, hecho bastante infrecuente en nuestro país. Aquí las armas no son el plato precocinado que cada día tenemos que comer. Menos en este Aragón, una comunidad pequeña y pacífica. La mujer entró y todos nos tiramos al suelo. Nadie pregunto nada. Se hizo un silencio sepulcral en aquellas urgencias. Ella se paseó por los pasillos buscando algún culpable, en posición de tiro. Desde donde yo estaba veía su calzado y cómo se movía. Alcé ligeramente la vista. Llevaba la pistola entre ambas manos en actitud de agresión. Así nos mantuvimos en silencio, nadie se movía. Todos en el suelo. El silencio se cortaba en rodajitas de miedo. Alguien consiguió llamar a seguridad. Aparecieron los fornidos y esperados trabajadores que nos harían respirar de nuevo. La bloquearon. Era un ataque máximo de ansiedad y subidón por anfetaminas. La ataron. El psiquiatra apareció, la sedaron y la ingresaron en Psiquiatría. Todos respiramos y en algún momento de la noche, pensamos que podría haber sido un punto y final. No punto y coma como así fue.

Otras veces la realidad era tan impactante que necesitabas

un suspiro para hacer que las neuronas funcionasen, en el marco estricto de la ciencia. Requerías algo de calma para que pensaran en el diagnóstico diferencial, santa sanctorum de la medicina, y camino espiritual hacia la buena praxis. Entré en un box y, antes de respirar, el paciente se bajó los pantalones:

—Mire lo que me ha pasado.

—Por favor, le voy a preguntar unas cosas antes de explorarlo—, mientras ya había visto el color purpúreo de sus genitales. Imaginé la necesidad de cirugía, en una fracción de segundo. Pero fue tal el impacto visual que se necesitaban unos cuantos segundos más, en la fase MIR, para procesar la información.

—Súbase los pantalones que ahora le exploro.

Se veía, de forma inmediata, que con cirugía la vida es mejor.

3

La tesis

El director que no soportaba a las mujeres, matrimonio mal avenido

Desarrollar la tesis doctoral en los años 90 era un desafío, tanto por los conocimientos que había que tener de estadística, como para conseguir una persona que quisiera dirigirla, en un equipo que tuviera una trayectoria en este tipo de estudios y donde se pudiera encajar. Además, el tema no dependía de tu elección, sino de las expectativas de la línea en estudio.

En mi caso, sufrí los cambios de la universidad. Era una fase de trasformación estructural. Donde, además, la informática llegaba imparable. El paso de los sistemas cerrados a los abiertos, con el desarrollo de nuevos programas y paquetes de estadística, que dejaban obsoletos los aprendidos previamente. Las infraestructuras eran débiles, minoritarias, mediatizadas y de búsqueda personal. Sin embargo, este tipo de trabajo —el doctorado— representaba entonces un parangón de importancia en el currículo. Era más que una experiencia, permitía crecer, mejorar y así lo creíamos.

Sin embargo, la falta de formación en fundamentos estadísticos, no facilitada por la universidad, y el escaso apoyo de los departamentos relacionados con la estadística, sólo de forma puntual, dificultaba la interpretación clínica de los resultados matemáticos. Siempre recordaré la labor desinteresada de la gente del Centro de Cálculo, por su ayuda en aquel momento.

No era así en todas partes. Se habían desarrollado auténticos grupos de negocio que hacían las estadísticas de los estudios, por unas cantidades de dinero que algunos 'mires' no podíamos asumir. También recuerdo el trabajo de campo, las reuniones con el director que continuamente insistía en que no sabía estadística, que se podía mejorar la revisión de la literatura científica, que todo era borrón y… volver a empezar.

No nos separaba el género. Era su experiencia con los americanos, los años ejercidos, los artículos publicados, la presión del servicio cerrado y hermético, bajo la Obra. Los dimes y diretes. Siempre me hacía sentir incomoda. Le molestaba mi juventud, mi inexperiencia, mis limitaciones económicas, mi posicionamiento político, mi falta de conocimiento sobre el tema concreto, pero los profesionales en medicina somos como el '*slow food*'. Nos cocinamos lentamente en el fuego de la experiencia.

La 'ciencia envasada', programada, es otro nivel. La mayor parte de las veces bajo la responsabilidad, entonces, del otro género, que con los años dejaría el acceso a las otras. La limitación en este campo como en el acceso a los puestos de gestión, es algo que se percibía en cualquier ambiente. Las esferas de poder en las que sólo entraban, deambulaban, salían los elegidos y aceptados por los miembros permanentes del equipo.

Así, nuestras conversaciones eran cada vez más agrias. Estaba claro que yo había tomado la decisión de hacerme la estadística y eso fue un calvario. Me llevó a olvidar algunas obligaciones que tenía con algún compañero que también había participado en la investigación de campo. La vida nos había deparado caminos laborales diferentes desde hacía tiempo. Creo que nunca se hubiera imaginado el calvario posterior para sacar el 'parto' adelante.

Quizá hubiera sido más satisfactorio entre dos. No lo sé. Fue una cuenta pendiente que alguna vez, años después, me comentó. Le había dejado una herida y yo no había reparado en ello. No lo supe ver, por la dimensión del esfuerzo que tuve que hacer para sacar la tesis adelante y que naciera.

Muchas veces salí llorando de aquel despacho, escuchando palabras duras. Las más suaves:

—Usted tiene que mejorar lo que escribe, corrija y corrija—.

Se me quedaron marcadas al fuego en mi ADN.

Esto me sirvió años después para tratar de ser 'redonda', en la terminología, sacando proyectos adelante, teniendo las estructura y coherencia adecuada, buscando el número eterno, aunque adaptado según las circunstancias. Aquello también me facilitó la experiencia de trabajar en proyectos con otros compañeros, de forma multidisciplinar en otras comunidades. Doy gracias.

El tutor me comentaba que éramos un matrimonio mal avenido, todo el día discutiendo. La gente me decía:

—Es muy buen tutor, pero tiene mucho carácter—.

En realidad, habíamos traspasado una frontera en la que la experiencia se aliaba con el poder. Los codirectores dejaban hacer sin entrar en el meollo, contentos con la apertura de la puerta que habían facilitado, y así fue.

Muchos proyectos no llegan a nacer y, ahora, incluso tienen que haberse publicado antes de la lectura del proyecto final, el mío nació una primavera del siglo pasado, en los 90. También conseguí llevar los resultados a algún congreso nacional de mi especialidad en diversas comunicaciones, con mis tutores y codirectores. Luego desaparecí y me fui a trabajar como un clínico más. Nunca volví a ver a mi director de tesis.

Han pasado más de treinta años y todavía siento el ardor de aquellas jornadas de trabajo, en mi memoria reptiliana.

4

A punto de...

Sobre la paciente con anorexia, una sirena a punto de darme una paliza

Cuando se comienza la andadura en Medicina, los escenarios son de lo más diverso: hospitales, centros de especialidades, consultas externas. Estas últimas son generalmente monográficas dependientes del servicio. La tendencia de hace treinta años ahora es prácticamente la misma: sacar las consultas de los hospitales. Eso sí, según criterio técnico.

A mí me tocó, en mis primeros contratos de trabajo, estar en un centro de especialidades muy antiguo. Era un edificio de aspecto decimonónico. Llamaban la atención las lustrosas baldosas, tantas veces limpiadas, los suelos de posguerra, unas habitaciones amplias, con mesas metalizadas, baldosines blanquecinos que cubrían la mitad de la pared y paredes verdosas claras, ligadas como el blanco al ADN nuclear de los sanitarios.

En esas consultas también se encontraba el personal de siempre, llevaban una vida trabajando. En algunos casos, enfermeros varones, algo poco habitual en el escenario de consulta. La mayor parte de la enfermería eran y son mujeres.

Mi primer compañero era un enfermero mayor de más de sesenta años, con mucha experiencia, alto. Había estado pasando la consulta de la especialidad durante años. Aquel día, en horario de tardes, afrontamos la primera visita. Apareció una joven de unos dieciocho años, rubia, ojos claros, delgada, con un aspecto saludable para su edad. Una sirena. Iba acompañada de la madre. La paciente tomó la iniciativa. Venía a petición de su madre dado que las ingestas que hacía de alimentos eran escasas, según la opinión de la familia, y porque, además, estaba muy irritable.

A la madre se la veía escondida, detrás de su hija, procurando no molestar, sin hablar, como si esperase un ataque de ira o maltrato verbal. Estaba contenida, para no enfadarla y, al mismo tiempo, contenta. Había conseguido traer a su hija a la consulta médica, donde ambas recibirían apoyo.

Comenzamos la entrevista como siempre, los datos ambientales, la epigenética del proceso: estudias, trabajas, vives con los padres, cuántos hermanos tienes. Al decir aquellas palabras, sentí que se había puesto en marcha una cuenta atrás profunda. Se convirtió en un detonante explosivo para la paciente.

Se puso a gritar que quién era yo para preguntar esas cosas tan personales. Los datos de su familia, si tenía o no hermanos, no podían entrar en su historia clínica. No quería que constase tal información. El tono de voz fue subiendo. En un momento determinado, la madre se levantó del sitio queriendo apaciguarla. La chica cogió la historia clínica, la arrugo con dureza y me la tiró a la cara.

En esos momentos, el enfermero experimentado, se puso de pie con toda su altura, que no era poca. Yo estaba consternada, sentada en la silla sin poder articular palabra. La madre ahí, pidiendo disculpas antes de que mediase ni una palabra más. Cuando la chica se acercaba a mi cara peligrosamente, el compañero le cogió el antebrazo y la paró. Ahí se quedó el susto. La amenaza de agresión pasó y el mundo volvió a girar.

Unos días más tarde recibí una reclamación por escrito en la cual la paciente comentaba que había sido maltratada, con una anamnesis cruel, con preguntas innecesarias que la habían violentado. Mi informe fue recomendar atención muy preferente, por posible trastorno del comportamiento alimentario (TCA), y comportamiento familiar agresivo.

Nunca han sido fáciles las relaciones con pacientes con esta patología. Los primeros impactos visuales viendo a chicas jóvenes con sonda nasogástrica, moviéndose por los pasillos de la planta del hospital con andadores para aumentar la actividad física, fueron traumáticos. Las múltiples ilusiones en cuando a la restricción de alimentos, sobre el querer y no querer, nos llevaron a adaptar la dieta basal con algunas elecciones en las que no estaban todas las limitaciones que las pacientes querían, como las patatas, los pimientos, los pescados, el tipo de pan, las galletas con o sin azúcar, integrales o no, durante su hospitalización.

El mundo culinario por montera era la excusa. La proyección permanente de los trastornos de personalidad de base y la amargura de una cronicidad que no les dejaba avanzar en su camino y las retrotraía hacia la negación. Daba lo mismo, incluso la maternidad, que las obligaba a pactar con los especialistas para evitar la retirada de la custodia de los hijos. Los ingresos en otras comunidades y en ésta, atendidas por profesionales desbordados por el trabajo. Y al final de mi carrera, aumento de las autoagresiones con los cortes múltiples en todas las partes del cuerpo, ya en la pandemia.

Recuerdo los exámenes profundos diarios sobre la conveniencia de las dietas paleo-vegetarianas en una anoréxica muy joven que llego con una parálisis de extremidades inferiores carencial por desnutrición severa, incapaz de deambular. Una situación extrema, con sonda nasogástrica, terapias múltiples y seguimiento multidisciplinar consiguió salir de la grave situación clínica en la que se encontraba. Sin embargo, sus obsesiones en torno a la alimentación y la dieta persistieron durante mucho tiempo.

Cuando he dado alguna charlas a otros profesionales sobre este tema y he visto en las redes sociales lo que se ve, —modelos de salud y de estética, *'likes'* causantes de baja autoestima, probable empeoramiento de la salud mental en redes como Instagram, extendiendo su emporio a los niños—, constato la necesidad de regular estas plataformas y perseguir aquellas que favorezcan más enfermedad, en particular en edades jóvenes, facilitando el desarrollo de equipos de salud y de protección a adolescentes e infancia.

5

La despedida

Sobre la paciente que vino a despedirse con una bandeja de té y luego se suicidó

Era una mañana acelerada, como tantas otras. Tenía una paciente sentada delante de mí. Era una joven diabética insulinodependiente compleja, inestable metabólicamente, con episodios alternantes de disminución y elevación de la glucemia[4].

Siempre venía acompañada de su hermana mayor, ambas eran del norte de África. Se intuía que eran de una familia adinerada. Cejas maquilladas y perfiladas, ojos grandes y almendrados, labios pintados y bordeados por alguna de las cosméticas caras. Esas que requieren recursos. Como traídas de Bollywood.

Una familia, la cuñada, dentro de otra familia, la de su hermana, marido e hijos, conviviendo con los patriarcas del marido, padre y madre. Era difícil saber dónde estaban, si aquí o en su tierra lejana. De los asuntos epigenéticos, nada. Ignorancia por la omisión y silencio de la paciente, familiares y de su médico.

Yo siempre me preguntaba lo mismo, ¿esta mujer con esa diabetes lábil, endemoniada, que le genera una dependencia extrema de la hermana, que cuida de ella como si de una de sus hijas se tratara, como se enfrentará a su futuro?

Cuando la vi por última vez, algo había cambiado, había perdido peso, un velo turbio cubría el maquillaje intenso de sus ojos. Se había desestabilizado de forma severa, los episodios de hipo e hiperglucemias se habían incrementado exponencialmente. Pensé incluso que quizá no se ponía la insulina... Este hecho era imposible de confirmar entonces. Era una lucha de palabras y de confianza entre adultos.

[4] Glucemia: niveles de glucosa en sangre

Estuvimos con consultas periódicas y estudios durante unas semanas. Nada reseñable, incluso hablamos del estado de ánimo. La paciente tenía un hijo adolescente, que estaba viviendo en su país. No lo tenía con ella aquí.

Llegó otra mañana de visita, al finalizar sacó un paquete:

—Le traigo esto doctora. He estado en mi país y me he acordado de usted.

Como el regalo era voluminoso, aunque no pesado, no pude ignorarlo y lo abrí delante de ella. Era una hermosa bandeja de té, con incrustaciones de taracea de diferentes tonalidades, una obra de arte de los artesanos del Atlas, para seis servicios, una preciosidad, elegida con cuidado, me recordaba mis viajes a su país y los múltiples tés que me había tomado en otras bandejas, no tan singulares como la que tenía delante. Le agradecí el detalle de forma lo más personal que supe. En general, no abría los regalos de los pacientes en la consulta. Procuraba que fuera al llegar a casa.

Volví al domicilio orgullosa. Ella, mi paciente, había tenido el detalle de traer de tan lejos un detalle artesanal, tan cuidadosamente seleccionado para su médico de la diabetes.

Paso el veranó. Volvimos de las vacaciones. La consulta ardía de la cantidad de pacientes que teníamos y del poco tiempo para dedicarles. Además, no ampliaban la plantilla, aunque la población se estaba duplicando, generando una nueva ciudad en la margen izquierda del Ebro.

El ciclo sin fin de los pacientes crónicos y, en particular, de los más vulnerables hizo que nos volviéramos a encontrar. Esta vez vino la hermana, venía sola, con una seriedad mortecina en la cara que no comprendí inicialmente. Le pregunte por su hermana y me comentó que ya no volvería. Había tomado la decisión de marcharse. Al principio pensé que se refería a que se había ido del domicilio de la hermana, que había vuelto con el hijo adolescente a su país, como hacen tantos vecinos del norte de África. No, no era este el tema.

Me explicó que una tarde de verano, a las pocas semanas de la última visita, estaba ya en su país, la encontraron en la orilla de la playa, con un camisón de verano, ahogada del día anterior.

Comprendí que la paciente había venido a despedirse. Su decisión era firme. Habíamos tratado la parte orgánica y comentado si el estado de ánimo debía ser evaluado por otro especialista. Ella había decidido elegir. Estaba atada a una enfermedad tan exigente, que por su labilidad le obligaba a ser muy dependiente. Creo que quiso cortar esos lazos de dependencia que le impedían ser una persona adulta, sin la eterna protección familiar.

Me la imagino al atardecer, entrando suavemente en la playa andando hacia el horizonte, sin pensar en nada ni en nadie, suelta, liberada de sus obligaciones y dependencias, abrazada por el mar.

Siempre la recordaré.

6

Presos

La relación con pacientes en módulos carcelarios

La relación médico-paciente siempre es compleja, en particular cuando se trata de una persona presa. Recuerdo un reo trasladado desde la cárcel de Torrero. Estaban asignados a un módulo carcelario en una planta del Hospital, vigilados por policías dentro y fuera de las instalaciones.

Como profesionales, íbamos a verlos. Llamaba la atención las notas escuetas en la anamnesis sobre los delitos que habían cometido y las causas no médicas por las que estaban en prisión. Solamente veíamos y realizábamos la evolución clínica. En general, se hacia la visita con los policías delante. Llevaban las armas al descubierto, en un intento disuasorio máximo y próximo. Ahí entrabamos acompañados de los residentes. Se hacia la historia clínica y se pautaba el tratamiento. A veces, pedíamos a los policías que nos dejaran a solas con los presos. Aceptaban a regañadientes, era un intento de preservar la intimidad de la consulta con el paciente.

No conocíamos nada sobre su vida fuera de la enfermedad. Esto era por múltiples factores. Uno, evitar el prejuicio en el trato profesional. Tiende a verse con otros ojos, digamos distantes e incluso humillantes a quienes han cometido delitos de sangre o abuso sexual. Suele darse la identificación con las víctimas. Para evitar esa 'discriminación negativa' por parte del profesional, no constaba si existían delitos de sangre o violencia sexual.

Así te encontrabas con un desconocido. No sabías nada de su historia. Había que educarle, —insulinizar— hablar de alimentación… Mientras su cabeza bullía con la preocupación de la culpa y el castigo correspondiente. Al mismo tiempo, el trasiego de la ciudad y su traslado a su 'domicilio habitual', como se producía en algunos casos. Era una vorágine que les impedía concentrarse en el cuidado de su salud. Para algunos de ellos, esto tampoco les importaba demasiado.

A veces nos enterábamos de su historia. No es difícil empatizar con un paciente joven que debuta con una diabetes insulinodependiente. Estaba encarcelado por un delito de robo de una moto, causa de sus problemas, y algún asunto de dinero. Íbamos religiosamente todas las mañanas a ajustarle el tratamiento, hasta que en una de ellas fue trasladado de forma brusca a la cárcel, sin apenas informarnos. Esto requirió un informe adjunto, sin despedidas ni emociones. Fue de un día para otro con la sensación de trabajo incompleto y educación inconclusa.

Sin embargo, otros 'inquilinos' del módulo carcelario daban miedo. Oscuridad en sus facciones y ojos que producían tensión. Ahí querías que la policía estuviera presente mientras hablabas con ellos. La oscuridad interior campaba en el ambiente, emanando años de caminos torcidos.

Siempre resultaba estremecedor pasar por el módulo carcelario. Era extraño ver a los presos conviviendo con los policías, en una relación de control y vigilancia. Sin embargo, ahí estaban, presos en las plantas, con policías vigilando las habitaciones. No fue tan infrecuentes verlos, en particular en la época de auge del terrorismo.

Con el tiempo, sucedía que pacientes a quienes habías tratado, después de años de seguimiento, acudían de nuevo, a la consulta. Por ejemplo, a su visita programada tras cirugía de la obesidad, acompañados de la policía, procedentes de la cárcel de Zuera. Ahí estábamos en un minúsculo espacio, los profesionales, los 'mallos' de la policía, el paciente con las manos esposadas, intentando cursar la visita.

—Ya ve doctora, cosas de la vida.

—¿No habrá de por medio sangre? ¿no?,

—Que no, sólo dinero.

—Será bastante dinero porque para venir de la cárcel aquí a revisión clínica.

—Pues sí, bastante dinero, pero creo que con unos cuantos meses lo solucionaremos.

Entonces, en medio de la conversación, una sorpresa:

—A usted la conozco—, comentó el 'mallo' policía. Y siguió.

—Ha llevado usted a mi madre. Bien, está muy contenta.

Y así todos juntos, después de ese contacto preliminar me toco seguir:

—Pues empecemos con la visita. Como le ha ido, que tal la medicación, peso, tensión arterial composición corporal, etc.

En ese rincón del mundo, juntos en un destino común y con el acompañamiento terapéutico que procedía, comentando los resultados analíticos, las perspectivas de futuro, mientras la vida se retuerce entre los dedos.

Atender a pacientes en esas circunstancias lleva a pensar. Se percibe una situación de debilidad del ser humano, encerrado en un laberinto con escasas salidas y ahí, como médico, asesorándole en una difícil circunstancia.

No hay límites para el acompañamiento terapéutico.

7
El cura

Consolar a la familia menos que al médico redactar un fallecimiento

Cuando trabajas en un hospital comarcal, las relaciones son más directas. A poco que se quiera, en cuanto pasa el tiempo, se conoce mejor al personal con el que se comparten las horas. Pero también las 'cercanías' y 'lejanías' se intensifican.

En las guardias, nos reuníamos para comer el internista, la matrona, el cirujano, el traumatólogo y el servicio religioso. Todos vestíamos con nuestros uniformes de trabajo correspondientes. Al cura le correspondía la sotana, traje largo abotonado, habitual en una parte de los curas del siglo pasado.

Quedábamos para comer y cenar cuando el hospital había cerrado sus puertas. Sólo quedaban las urgencias funcionando con intensidad. Y de verdad, ¡aquellas guardias no eran cualquier cosa!

Primero, en la mesa se compartía la información sobre cambios o traslados de compañeros, variaciones en los servicios, convocatorias nuevas, etc. Después era el turno para las modificaciones de la administración en cuanto a listas de espera… y luego venía lo personal. Las opiniones de cada uno, a veces acompañadas por vino 'Don Simón', según quien estuviera en la guardia. Eso también daba miedo. Los agnósticos rezábamos para que no llegara un abdomen agudo, una perforación, una apendicitis grave y hubiera que hacer algún tipo de intervención.

A veces las toxicomanías no estaban sólo en el alma sino también en la voluntad, incluso de los más brillantes profesionales. Mi relación con el compañero religioso —del que me separaban unos veinte años—, era correcta, pero estaba empañada por sus estrictas convicciones religiosas. Era próximo a una de las organizaciones más sectarias de la Iglesia.

Además, desde mi punto de vista, tenía un defecto. Cuando se producía un fallecimiento en una guardia, a altas horas de la noche, en el acompañamiento a los familiares era muy breve, expeditivo... De hecho, tardaba en consolar a la familia menos que el médico en escribir la historia clínica del fallecimiento del paciente y, después, explicárselo a la familia.

En aquellas noches, para asegurar su presencia, si era requerido por una familia tanto con convicciones como sin ellas, yo siempre le llamaba por el teléfono. Daba igual que fuesen las dos o las tres de la mañana. Le despertaba:

Padre, estoy en la planta dos, en la habitación 'x', venga a hacer un *servicio completo* por fallecimiento.

Le oía mascullar en la lejanía. Se levantaba a regañadientes, con el cuerpo destemplado. Imaginaba que, por su edad, le costaba más que a mí atender en aquella época y consolar a la familia del fallecido. Acudía a la habitación. Apenas saludaba. No hacía visita conjunta con el galeno. Iba a lo suyo. Daba la bendición al fallecido, dos palabras al familiar y se volvía a su cama otra vez.

Mientras, los demás, en especial el médico de guardia nos quedábamos en la planta. Recuerdo revisar la historia por si en los momentos finales había que hacer o no reanimación. Enfermedades de base, fármacos, edad, situación familiar… Finalmente, causas directas del fallecimiento. Después tocaba atender el estado emocional de la familia. Por lo general, tristeza, acompañamiento terapéutico y luego, tras largo rato, por fin volvía a la habitación, no siempre bien desconectada del evento, de sus causas y del planteamiento realizado.

Las prisas del cura me molestaban. Era tanta su rapidez, la prioridad de volver al nido caliente, su distancia… y su falta de empatía cuando venía a hacer el *servicio completo,* que le correspondía, de consuelo. Su nulo interés en compartir información sobre el paciente en aquellos aspectos que no eran los médicos. Fuese quien fuese. Por eso, siempre lo llamaba a esas horas intempestivas para que los creyentes tuvieran una entrada en el más allá confortable y conforme a sus expectativas, al menos religiosas, y su familiar estuviera acompañado en el deceso.

Él no me perdonó nunca ese horario de trabajo.

| 8 |

La monja nómada

Rezaba por los pasillos del hospital y nos protegía

Cuando trabajas en los hospitales, en particular durante las guardias, te das cuenta que hay seres que van y vienen. Los encuentras en cualquier planta, deseándote lo mejor, comentando que piden a Dios por ti para que la guardia sea buena, para que no tengas infortunios, para que los pacientes salgan con bien, para que todos los servicios estén preparados, con todo el instrumental y que todo sea correcto en el devenir de la ciencia y la creencia.

Son esos seres religiosos y nómadas, que no sabes muy bien de donde han salido. En particular, en la reciente época de la pandemia. Iban y venían de un lado para otro. Eran los 'ángeles antipeste'. Los encontrabas en los ascensores, los pasillos, los controles, las UCI, sin miedo, con una sonrisa en la cara, deseándote el bien en todo momento como parte de su cometido religioso, que no científico. Eran los '*nómadas-comodín*' que revoloteaban por el hospital en todo momento y lugar. No sólo en la capilla convertida en UCI transitoria con la pandemia.

En hospitales antiguos como el nuestro, que en su época alojó los tuberculosos de la ciudad, cuando se accede, parece que por todas partes están aquellos miles de pacientes. Acudían al Hospital, situado entre los pinos, para curar sus males respiratorios.

Estos nómadas forman parte de ese paisaje semiurbano, mitad bosque, mitad urbe, donde se acumulan las historias del pasado, como la cruz de Lorena de la Virgen del Pilar, cruz de Anjou, a partir de 1431.

Es un emotivo ejemplo de cómo las tradiciones religiosas y las laicas se entrecruzan en el hacer profesional, mantenido durante siglos, en la fortaleza del Royo Villanova, en su lucha contra la tuberculosis y en nombre de las cruzadas, estuvo presente en el estandarte tras la conquista de Jerusalén, por Godofredo de Bouillon, como representación 'crística', hermanada con Sudáfrica en su lucha mundial contra esta enfermedad. Fueron los pacientes quienes la ofrecían a la Virgen del Pilar y ahora, los trabajadores del centro.

Nómadas encuentras en todos los hospitales y comunidades. Son los resquicios que quedan de cuando se dedicaban a la sanidad, antes de la especialización. Formaban parte del cuerpo de profesionales que realizaban extracciones de sangre, organizaban las consultas, ayudaban con el instrumental, veían a los tuberculosos y también participaban en los ritos litúrgicos.

Tenían mayor o menor afinidad por el profesional, pero su mensaje siempre era impecable en cuanto a la coherencia en el amor, los buenos deseos, las mañanas claras y llenas de buenos sentimientos.

Seres etéreos, de otra época, buscando su destino en el amor.

9

Diferentes chulos

El marroquí, el diabético y el empresario

A lo largo de la vida, he mantenido una actitud de cordialidad y empatía con mis pacientes. Convertí en disciplina y arte el tiempo que pasaba con cada uno de ellos y ellas, deteniendo el flujo implacable, aprovechando cada segundo, como si el mundo se hubiera detenido a nuestro alrededor. La conversación es fundamental. La trasmisión de información y las decisiones consensuadas son lo más importante y decisivo en el acto terapéutico.

Sin embargo, no siempre es fácil. El sistema público de salud incluye a todo tipo de pacientes, personas de diferentes clases sociales, situación económica y cultural. En las consultas, más de una vez experimentamos momentos desagradables. El machismo aflora. Incluso poniendo una barrera de autoprotección, termina horadada en múltiples circunstancias, en particular en nosotras. El respeto a veces desaparece.

Recuerdo, —de mis primeras experiencias como médico adjunto, fuera de esta comunidad, llevando pacientes hospitalizados— que un joven, en la treintena, tenía múltiples ingresos por dolor abdominal. Había sido ADVP (adicto a drogas por vía parenteral[5]) y debutó con una diabetes insulinodependiente años después. Recuerdo que le puse un derivado mórfico sublingual[6] para el dolor. Los compañeros me comentaron que el paciente no era trigo limpio y que ya veríamos en que quedaba la cosa.

El tiempo del ingreso proseguía y el paciente tenía su analgesia con mórficos sublinguales pautada cada seis horas, mejoro del cuadro abdominal y de la infección cutánea que presentaba por

[5] Drogas que se administran o consumen por vía intravenosa

[6] Fármacos que se administran en la mucosa oral o rectal porque la absorción es más rápida

el mal control crónico de su diabetes. Cada vez se oían más rumores, durante el ingreso hospitalario: el paciente era un camello que traficaba con el analgésico opiáceo, por el tipo de gente que venía a verlo durante el ingreso.

Los resultados del consumo de drogas fueron negativos. Sin embargo, dada la diversificación de mi trabajo y horario, iba a los centro de especialidades, rotación por la planta, guardias de Medicina Interna, formación a pacientes y Atención Primaria, hace más de 30 años, entraba yo al hospital cuando lo vi salir. Todo maqueado, con su ropa de calle, peinado, arreglado, con su guapura treintañera en exposición. Sí, se iba del hospital a vender el producto para luego volver a ingresar, no daba crédito, nos miramos al pasar, el como si fuera un chiquillo al que pillan in fraganti, con una cara más dura que el cemento, con los rigores de la vida y del 'camelleo' en cada poro de la piel, curtida durante años en el asfalto de múltiples ciudades. La vida le había traído tras el interferón y la hepatitis una diabetes, con una difícil convivencia. Cuando apretaban los gastos vendía la metadona, con cuadros de abstinencia, de dolor abdominal y 'camelleo' con analgésicos. Así la rueda del tiempo, acortada la vida.

Le di el alta, media hora más tarde, con una pauta de insulinoterapia y una llamada telefónica de la enfermería de la planta. Mi presunción de inocencia fue la de una inexperta.

Por otra parte, en práctica clínica, se conoce que las diferencias culturales y religiosas dificultan la convivencia, porque se trasciende el plano de las opciones privadas con el dogma imperante, lo cual es difícil de asumir en una sociedad supuestamente laica.

Nuestra inmersión en la sanidad ante la multirracialidad y multiculturalidad, nos llevó a incorporar material en diferentes lenguas, dada la alta prevalencia de diabetes gestacional, los diferentes tipos de asistencia a realizar según la procedencia del paciente, el impacto de las mujeres mutiladas y embarazadas con múltiples hijos e hijas desde temprana edad, la insistencia de los maridos de diferentes comunidades religiosas y de diferentes etnias por tener hijos varones, con gestaciones sucesivas en el tiempo que llevaron a la muerte a algunas mujeres por consunción de los recursos, que debían dar a sus hijos.

Recuerdo perfectamente como una paciente cercana a la cuarentena había tenido un hipertiroidismo de evolución tórpida[7] y no había querido cirugía aunque tenían una oftalmopatía (afectación ocular) por la enfermedad. Se le administró con preparación I131 y consiguió la normofunción tiroidea tras lo cual el marido agradecido, le gestionó tres embarazos seguidos que fueron del sexo femenino. Cuando ya llevábamos tal número de gestaciones, con la consunción progresiva de la paciente, tuvimos una conversación en la que se le planteó que con la edad y el número de hijos que tenían y el estado de la paciente, si no era momento de parar. Que él quería el chico y que lo quería. La mujer desarrollo una TBC[8] complicada y falleció a los 44 años, dejando a sus hijas sin madre. Hay múltiples formas de ver la vida, la religión y de encontrarse con el más allá.

En el contexto de la multiculturalidad, cuando era todavía una médico especialista joven, tuve un paciente con un debut de una diabetes insulino-dependiente. Esta patología tan estresante, cuando se tiene treinta años, estableciendo los caminos de la vida y en otro país foráneo, es muy difícil de llevar. Yo no les preguntaba si estaban casados o no, ni cuántos hijos tenían, solo con quien vivían, por el tema de la alimentación y el tipo de comida. Tampoco sobre la fuente de ingresos, imposible. Este paciente tuvo un encontronazo con la salud que fue muy traumático, generando una alta dependencia, con múltiples visitas a la enfermera educadora y a su endocrino. Tal fue la intensidad del proceso que dejo de ponerse la insulina en alguna ocasión y entró en CAD (cetoacidosis)[9], tras lo cual, en otros tiempos sin sensores, la dependencia se intensificó.

[7] Hipertiroidismo de evolución tórpida, exceso de hormonas de origen tiroideo

[8] TBC , tuberculosis

[9] CAD: situación clínica grave provocada por una falta aguda de insulina

Al final, después de tantas horas de convivencia, terminamos llamándonos por el nombre, comentando los supuestos clínicos, poco a poco surgió una confianza basada en la necesidad, que iba más allá de los límites de la convivencia clínica.

Lo que inicialmente era una relación entre médico y paciente, se transformó en una relación de dependencia. Era de tal magnitud que afloró en él su componente más obsesivo, de propiedad cultural. Hasta que un día, en el hall del centro de especialidades, llegó pidiendo un favor en relación con la enfermedad y cogiéndome del antebrazo, en un acto de posesión no consentida. Deje de ser su médico por salud mental.

A veces la vida te lleva por unos derroteros insospechados. Después de veinte años de seguimiento a un diabético juvenil, empezó a tener otro tipo de problemas, una pancreatitis autoinmune sin tóxicos. El duro trabajo de albañil le había dejado una capsulitis de hombro y problemas severos con la articulación de la cadera. El paciente con 35 años comenzó con abogados para valorar una invalidez total para trabajar. En este tiempo, vivía con los padres de la zona rural, y su madre casi siempre le acompañaba en las visitas. Un diabético que había conocido las agujas y las jeringas y que los avances tecnológicos como las plumas precargadas, los sensores y el tema de las raciones de H de C[10], ya eran un desafío.

El paciente compro un piso avalado por los padres. Su situación laboral fue empeorando y no conseguía mejorar su patología articular. El estrés y los estados de ansiedad empeoraron notablemente, pero el control metabólico después de haber tenido ese difícil trabajo, había mejorado. El paciente, más allá de sus dolores, presentaba mejor estado general.

Caí en la trampa, ante esa situación cronificada, de ponerme en contacto con su abogado, a petición del paciente. Todo correcto. Siete informes clínicos, denegación de la invalidez una y otra vez.

[10] Raciones de carbohidratos, que sirven mediante su recuento para ajustar la dosis de insulina que hay que administrase antes de las comidas

Me ofreció dinero, jamones, objetos, pero después de los informes largos y bien cumplimentados yo debía poner que no podría volver a trabajar. Le comenté que ese no era mi cometido, de hecho le recomendaba que dejara una puerta abierta para otro tipo de trabajo, menos estresante, dada su juventud. Le di, de forma inhabitual y por error, mi número de teléfono.

Los mensajes por WhatsApp se intensificaron, ofertas, solicitudes, múltiples informes. Terminé llamando a su abogado y le pedí que me lo quitara de encima porque el paciente se estaba obsesionando y me estaba empezando a dar miedo.

El paciente perdió el piso. Perdió los pleitos. No le concedieron la invalidez. En su último mensaje me decía que esperaba que fuera al día siguiente a declarar sobre su situación laboral, que me esperaba en la sala de juicios. Consulte con la policía y con el responsable clínico. No fui a trabajar. Di la orden que nunca más lo vería como paciente.

A la gente te la encuentras en los pasillos y aunque sufren situaciones extremas, ya no están en tu pensamiento ni en tu corazón. No si el tiempo lo habrá cambiado todo.

Siempre tenía la consulta abarrotada de gente, ese ir y venir y los huecos todos llenos, si quieres ver a otro paciente hay que duplicarlos, la eterna salmodia del sistema, para justificar la presión deshumanizada e inasumible con la que ha culpabilizado al profesional de los retrasos, de los estreses, de los extras en las visitas, durante años.

Era un paciente procedente de hospitalización, que haba tenido un infarto y le habían colocado un bypass coronario, tratado con amiodarona, un anti-arrítmico que le había producido un hipertiroidismo severo secundario y, además, era diabético. Venía cuando quería, de aquí para allá. Este empresario setentón campaba por sus respetos y horarios. Siempre lo recibía, aunque tuviera que esperar en la mañana, me gustaba su resolución a esa edad, aunque había algo en su empuje, que parecía algo chulesco. Comprobé la intensidad de su automanejo particular de la situación cuando en una de aquellas mañanas a tope, apareció y después de esperar, en la visita me dijo que había dejado de ponerse la insulina rápida pautada y que se había quitado los fármacos para el tiroides porque ya llevábamos más de seis meses con el tratamiento. Por su cuenta, según su criterio. Yo no daba crédito. Los controles analíticos y hormonales eran terroríficos.

Me quede muda y ante su actitud de desconocimiento y manejo suicida de repente articule palabra y le dije:

—Es usted un imprudente, *un chulo*, ¡quitarse ambos tratamientos, sin consultar y con su riego cardiovascular!

Al poco tiempo recibí una reclamación. Era del señor empresario de Albacete, de procedencia aragonesa. Había puesto una reclamación con palabras bastante fuertes porque le había llamado pura y llanamente *chulo*, por haber tomado decisiones que no había consultado y había puesto en peligro su vida, que tantos sinsabores y cuidados había requerido, para mantener algo llamado supervivencia.

Está claro que existe libertad para hacer con la vida de uno lo que cada uno decida. pero la cantidad de recursos utilizados para tratar a algunos pacientes es asombrosa. Hoy el riesgo se multiplica. San Google tiene efectos perversos. Parece formar a personas sin conocimiento o de desinformarlas, lo cual puede llevarles a tomar decisiones arriesgadas e inéditas.

Las relaciones entre seres humanos son complicadas. La relación horizontal entre médicos y pacientes ha facilitado el acercamiento de los profesionales. Sin embargo, en algunos pacientes ha generado una relación equívoca, con connotaciones próximas a la posesión.

10

No pidieron perdón

El paciente con cáncer de páncreas y la denuncia

La vida no avisa sobre su devenir. Aceptas o intentas aceptar la cronicidad de los procesos, la necesidad de aumento de los cuidados, de nuevos tratamientos, intentando que controlen la alteración que, probablemente la epigenética, se ha generado sobre la debilidad del genoma, ya preconcebida. Sin embargo, los procesos a veces no se paran y se inicia una alteración que acompaña a otras.

Cuando trabajaba en un hospital comarcal, en uno de esos días infernales de consulta, hubo un ingreso. Un paciente de mediana edad debutó con una diabetes. Inicialmente requería tratamiento con insulina. Fue hace unos treinta años.

No había nada de particular en la clínica del paciente. Se encontraba con buen estado general, solo la sintomatología que denominábamos de las tres P —poliuria, polifagia, polidipsia[11]—, sin pérdida de peso. El paciente era de una familia poderosa en la comarca. La necesidad de tratamiento con multidosis de insulina de forma inicial trastocaba todo su planteamiento vital, laboral y familiar. El tratamiento propuesto no fue muy bien acogido, pero era necesario ante una descompensación hiperglucémica severa, por lo menos temporalmente.

Las relaciones médico paciente no siempre son sencillas. Intervienen la edad, el sexo, el tipo de tratamiento… Si conviene o no conviene, los contratiempos que la terapia pueda generar, la situación social, familiar y otros etcéteras. Tampoco las relaciones con las familias son uniformes. De hecho, hay de todo. Algunas son muy protectoras y se niegan incluso a admitir la manipulación que sufren, por las enfermedades de sus familiares. Algunos pacientes,

[11] Poliuria: aumento de la cantidad de orina; polifagia: aumento de la ingesta; polidipsia: aumento de la sed.

hacen que toda la dinámica familiar gire en torno a los males particulares de uno de los sus miembros.

En último extremo, cuando la enfermedad viene para quedarse, altera y trastoca todos los mecanismos íntimos de la dinámica familiar. Así, una vez afectada, difícilmente se recuperan estadios previos. Se generan dependencias, interrelaciones complejas de entender. Afloran negación, ira y preguntas sin respuesta: ¿por qué una enfermedad que genera tanta dependencia?...

Esto sucedió con un paciente para quien la administración de multidosis de insulina se convirtió en una esclavitud. Él, como empresario, no pudo aceptar esa realidad dentro de la exitosa evolución de su carrera profesional.

Sin embargo, a veces los procesos no vienen solos y después de unos tres años de ir y venir, de llevar el tratamiento, el paciente comenzó a perder peso. Se confirmó que tenía una neoplasia[12] de páncreas, no benigna.

La ira se apoderó del paciente y también de su familia. Pensaron que no se había diagnosticado correctamente tres años antes. Pero la sintomatología de su enfermedad inicial era diferente de la que presentaba tres años después, junto con un fenómeno de consunción progresivo que obligaba —mediante pruebas de imagen— a descartar la patología que finalmente se confirmó.

El conflicto era debido a que no se realizó un TAC inicial cuando apareció la diabetes. Se les explicó que la diabetes es una enfermedad con alta prevalencia y que el diagnóstico, por imagen, no se realiza salvo criterios de sospecha, que no fue el caso. Pensar que puedes no sobrevivir a una neo maligna de páncreas tres años después del diagnóstico, era algo que no entraba en las consideraciones emocionales familiares.

Coincidió que me trasladé a trabajar desde el hospital comarcal, tras un concurso nacional, a un hospital general, en la capital.

Un día, en medio de la vorágine del pase de planta recibí

[12] Neoplasia: proliferación de los tejidos anormal, que puede ser benigna o maligna

una llamada en el control de enfermería. Se presentó como el señor X, abogado de la familia tal, para informarme: me iban a poner una denuncia con implicaciones penales por no haber hecho el TAC abdominal en el momento del diagnóstico de su problema metabólico. Que el problema era muy serio y que debía estar preparada por si pedían cárcel por tal negligencia.

Recuerdo perfectamente, en los años previos al 2000, la sensación que me produjo tal llamada amenazante. El cuestionamiento de todas mis ilusiones, conocimientos, saberes y futuro. El repaso de la asociación entre ambas patologías, ya conocido desde siempre, no justificaba el estudio de imagen inicial, consulté y consulté, dejé de dormir y de comer.

Informe del proceso a mi superior y pase una larga temporada mal comiendo y mal durmiendo, con tamaña preocupación.

Otro día, mientras pasaba la planta, volví a recibir otra llamada en la cual, la misma voz me informaba que se había desestimado la denuncia por negligencia dada la asociación entre ambas patologías, la elevada frecuencia de la alteración metabólica y el tiempo tan prolongado entre el debut de la diabetes y la aparición de la neoplasia. Un año más tarde el paciente falleció. Nunca vi a la familia de nuevo ni tampoco al paciente.

Ellos nunca encontraron el camino para aceptar la nueva enfermedad, sin buscar culpables.

Nunca pidieron perdón.

11

La hipotiroidea

Los vómitos, el marido y la querida

Tuve una larga relación profesional y personal con una paciente diabética, de un barrio rural. Desde atención primaria realizaban el seguimiento de sus patologías de elevada prevalencia, hasta que se complicó. Entonces comenzamos a compartir un seguimiento estrecho, entre ambos sectores sanitarios.

La paciente sufrió un infarto. Se la intervino a nivel coronario. Desarrolló un hipotiroidismo primario[13] y llevaba a cuestas una diabetes mellitus de muchos años de evolución, con muy mal control de la enfermedad. La dificultad para conseguir el mejor control recomendado de su diabetes, comenzó a acompañarse de severos episodios de hipotiroidismo descompensado grave con síntomas de tipo neurológico, lentitud mental, del habla, inflamación facial y dificultad respiratoria, de notable gravedad.

De forma reiterada, se le pautaban tandas con hormona tiroidea intravenosa que, junto con la vía oral, la llevaban a mantener un control no óptimo de su patología tiroidea, aunque mejorado en relación con el seguimiento de los dos últimos años. Tras evaluar múltiples causas, en particular si había una disminución de la motilidad gástrica por el mal control de la diabetes, debido a los vómitos alimenticios que presentaba desde hacía un tiempo, no se encontró relación con esta enfermedad.

Tras múltiples consultas e ingresos por sangrado urinario persistente, severo y no canceroso, la paciente comento que los vómitos no eran espontáneos sino provocados, tras ingestas compulsivas de alimentos, en particular por la tarde con hiperglucemia severa antes de las cenas y a veces hipoglucemias previas, en una

[13] Hipotiroidismo primario: falta de producción de hormonas tiroideas por el tiroides

paciente con un tratamiento complejo de insulinas y análogos de GLP1.[14] Al final, con la sospecha de trastorno del comportamiento alimentario (bulimia), la paciente fue evaluada por los psiquiatras que llegaron a la conclusión que el cuadro se había reagudizado, en el contexto de un síndrome de ansiedad crónica.

Como consecuencia de la inducción de los vómitos, la hormona no se absorbía y se desarrollaban episodios severos de hipotiroidismo, que empeoraban todo su bienestar. La paciente llamaba y estaba citada con frecuencia. Se planteó un ingreso hospitalario para tratar de evitar la inducción del vómito y su tratamiento correspondiente. La paciente mejoró durante el ingreso pero al ser dada de alta, volvió al mismo comportamiento en su domicilio, durante un periodo prolongado de años, aunque más atenuado.

Ella tenía una situación familiar estresante, con algún hijo implicado en asuntos poco legales que le provocaba un inmenso estrés. Además, en un momento del ingreso, comentó que se había incrementado toda la clínica debido a que su marido tenía una querida, que traía a la torre donde vivían a temporadas. El agricultor se la traía con él, a su criterio. El posible aumento de la frecuencia de las visitas al domicilio de esa amiga, había intensificado la clínica que presentaba en un intento de llamar su atención, en una paciente bien parecida desde su juventud, rubia con ojos claros.

Un día ella me pidió la dirección de mi domicilio. Quería mandarme unas verduras. Era lo único a lo que no me podía resistir. Dudé, mucho. Se la di. Efectivamente, vino con el marido, una carretilla de coles, verduras, tomates y un enorme capón que no sabía dónde meter. Entró en casa y se sentó en el salón. Entonces constaté mi error y comprendí la intensidad de su problema. El marido, con apariencia obediente, subía las cosas y la esperaba en el rellano. Cuando se marcharon decidí que tenía que ingresarla y buscar distancia.

[14] Análogos de GLP1, fármacos que se utilizan en la diabetes del adulto, que modulan los neurotransmisores intestinales, disminuyendo la glucosa y el apetito y regulando los niveles de insulina.

Las constantes recitaciones y el aumento de la presión en consulta, la llevó a saltar el *feedback* de las revisiones. Los pacientes 'son' del sistema. Ella comenzó a diluirse en visitas con otros colegas. No todos los profesionales tenemos las mismas experiencias clínicas y, a veces, tampoco la misma empatía para acompañar las 'bombas' que la vida nos pone al lado.

Me llamó por teléfono, mientras yo participaba en un congreso en Sevilla. Estaba ingresada por un infarto agudo de miocardio. Le comenté que no se preocupara, que estaría bien atendida con los cardiólogos y que ya colaboraríamos con ellos, como así fue.

En las últimas visitas, con los años, la paciente había mejorado de casi todo, aunque persistía la tendencia al hipotiroidismo no controlado, sin tanta severidad como hacía años. El marido siempre repetía: —desde que usted la dejó ya no ha vuelto nunca a estar bien. Y le contestaba: —cuídela mucho que no sabemos cuánto nos durará.

Así hemos seguido hasta la fecha.

12

Hombres irritados

Las relaciones con la jerarquía

Las relaciones con los superiores en una organización jerarquizada del sistema público siempre son intrincadas, tanto con las jefas como con los jefes… y, también, con las mujeres de los jefes. Esta relación se modula por diferentes variables. La primera es el carácter de la aspirante a formar parte del grupo de trabajo.

Recuerdo perfectamente un caso del siglo pasado. Me tocó cambiar de hospital. Llegue con un traslado nacional. Entonces un compañero, al que apreciaba mucho, pasó a una fase de indiferencia. Estaba motivada por una orden ministerial, —que no sé si sigue vigente—: el interino más antiguo queda desplazado por quien llega con la plaza en propiedad. Dejó de dirigirme la palabra.

Estuvo un tiempo sin hablarme hasta que, al final, no se cumplieron las directrices de personal especializado y pudimos ir a una coexistencia pacífica. El roce hace el compañerismo y también el buen hacer profesional.

Con el tiempo, en una situación grave por enfermedad volvió a salir el carácter fenicio de aquel colega. Después de tan largos años de convivencia no llamó ni escribió para desearme una mejoría de salud, que yo necesitaba con urgencia.

Cuando se llega a según qué puestos, estos comportamientos tan arraigados en el hacer político, incluida la cortesía, vuelven a aparecer. No obstante, la rueda de la vida evalúa qué has aprendido o si no has aprendido nada.

El jefe que mayor número de años tuve era un profesional reputado. Como la mayoría de la gente que trabaja en la sanidad pública y con la que he trabajado, le gustaban los proyectos dentro de un orden y con una transmisión balanceada del estrés a los profesionales de su equipo. Venía de un gran hospital.

Tenía unos conocimientos extensos de la especialidad pero había un freno a la innovación. Hacía que todas las reuniones lúdicas del servicio estuvieran amenizadas con la presencia de su mujer. Ella no era del equipo médico, pero solía mandar más que un general. Iba y venía en los congresos y en las cenas. Ejercía la vigilancia marital, pero también era capaz de decir, bajando de un avión hace treinta años:

—Tú en este servicio no medraras. Te tienes que adaptar a las indicaciones de la jefatura—, pura bicefalia matrimonial.

Eso le hizo perder al jefe muchas oportunidades de convivencia y mantener posturas poco afortunadas, desde mi punto de vista, en la rotación clínica. Quince años más tarde, ya jubilado, el equipo aceptó las rotaciones y otros cambios. Fue cuando se estabilizaron en sus plazas y, al parecer, cuando ya se podía opinar.

Por entonces, la convivencia con los especialistas por parte de Medicina Interna, siempre fue conflictiva. Ellos gestionaban la mayoría de los pacientes en los hospitales comarcales y en los generales. Sin embargo, con la necesaria especialización se fueron acotando los campos y revindicando las especialidades, los pacientes propios.

No fue sencillo. Eran terrenos comprometidos, con historiales en los cuales habían participado diferentes especialidades sin control, viendo no solo lo pertinente sino lo desconocido. Esto nos llevó a algún enfrentamiento entre profesionales, por la difícil evaluación de las razones económicas que no clínicas. Así, asumir que se vería la Nutrición en un área clínica y que cómo podía ir este hecho asociado a un aumento del gasto por receta, era inconcebible para el jefe de Medicina Interna del hospital. Por más que se discutiera sobre el tema, los verdugos clínicos y asociados médicos, asumieron que la gestión no podía acompañarse de más gasto. Así, mejor dejar a otros hospitales que llevaran esos pacientes. Eran un porcentaje importante de desnutridos hospitalarios y extra-hospitalarios y también una responsabilidad clínica que algunos servicios centrales y gestores políticos del sector, no querían asumir o nos cuestionaban.

Tras asumir una destitución sin papeles, cada especialidad pudo poner en su sitio sus necesidades. Eso sí, el especialista que gestó el proceso fue marginado un tiempo y aislado. Quisieron evitar enfrentamientos que pudieran modificar resultados posteriores de gestión, para algún otro miembro de la plantilla. Son decisiones de los jefes que prefieren negociar con los coordinadores asignados por dedocracia, habitual en nuestro sistema público de salud.

Mi experiencia con los jefes de servicio ha sido buena fuera de Aragón. Cuando estuve en la Comunidad Valenciana, en plena época del VIH, me tocó la época de discusión autonómica y nacional sobre qué medicina hacer: pública o privada. Mi punto de vista era que se debería incentivar, en el sistema público, a quien hiciera sólo medicina pública. Cuando llegué al nuevo destino, todos los interinos sin plaza, hacían pública y privada, es lo que habían bebido en este sistema de salud híbrido, que comparten también Cataluña y las islas.

La carga de trabajo se fue incrementando, aunque nuestro jefe era exquisito en el cumplimiento de sus horas de trabajo. Admirable. Salía a su hora y estaba el primero por la mañana. Siempre amable con los adjuntos, siempre negociando y con una gran empatía con el paciente. Era un hombre procedente de un pequeño pueblo costero, cercano al hospital, de grandes conocimientos y reputado, lo podías encontrar en cualquier momento y, también, en diferentes actividades científicas nacionales.

Los hospitales pequeños tienen servicios de referencia para optimizar los costes de la especialidad. Mi jefe del hospital de referencia en aquella comunidad era una gran persona. Tenía muchas ganas de trabajar, haciéndose hueco para desarrollar el servicio, un gran profesional. Nos reuníamos en los seminarios en la capital de provincias, con periodicidad. Comentábamos los casos. Esto en medio de las controversias de aquella época sobre la jerarquización de las plazas de especialistas, a tiempo completo.

Fueron años intensos, duros a nivel familiar, aunque el futuro profesional era prometedor, la familia que permanecía en Aragón no quería desplazarse a la zona costera. Aragón y sus montañas, la universidad, los amigos, todo tiraba para volver, aunque contemplábamos el futuro en un barco, algo frecuente allí, la tierra era demasiado plana y estábamos lejos de la patria chica. Era un tiempo de reunirse, después de algunos años, antes que se rompieran los lazos emocionales, tantas veces visto en otras compañeras.

Los buenos recuerdos están allí. Volver a esta comunidad, a Aragón, fue complicado, con una visión del profesional diferente, una presión laboral intensa y unas jefaturas en manos de hombres que organizaban los equipos a su criterio e interés, sin otra opinión.

13

Las peonadas

Medicina interna

Los mecanismos del sistema público para subsanar las listas de espera, usualmente prolongadas, son múltiples. El más frecuente es la contratación de 'peonadas'. Un día a la semana cada profesional, por lo menos en nuestro campo, pasa la consulta de la mañana y luego la de tarde, con un número de pacientes programados. De manera que ese día te vas a casa con 30, 40 pacientes entre pecho y espalda. Al terminar la tarde, no sabes muy bien quién eres e incluso, a quién has atendido.

Todo es negociable, pero los números son la bestia negra contra la que hay que luchar, el profesional y la administración. Se suele acompañar estas peonadas de mensajes como: 'da el mayor número de altas posibles', 'todo es de Atención Primaria', 'dale el alta y que lo vuelvan a remitir'..., acompañados de otros sentimientos de confusión y presión, sobre la funcionalidad y la ética.

En último extremo, es un tema de dinero, ya no se llevan los complementos B o jornadas de trabajo estructuradas de otra manera y no como una locura de presión asistencial.

Las opiniones sobre el tema de las peonadas —que afectan a todos los estamentos— se superponen con la necesidad de compensar las horas para la jornada laboral estipulada. En nuestro caso, comenzamos con los jueves por la tarde durante años, unas horas y luego se incorporaron los sábados, porque queríamos llevar a los pacientes de nuestra especialidad ingresados a nuestro cargo. Así el Salud estuvo con un sistema de consulta de mañana, media tarde a la semana cada profesional y una mañana de sábado en el hospital rotatoria, para la compensación horaria.

Como no contrataban especialistas y tampoco querían venir, probablemente por las raquíticas condiciones laborales ofertadas y no se habían planteado nuestros gestores que, con el mismo patrón, existe la redistribución voluntaria entre hospitales. Esta solución es dependiente de los responsables de servicio de nuestros hospitales. Aunque fuese temporalmente, esta alternativa nunca se llegó a producir.

De esta manera, la vorágine de los grandes hospitales con enormes servicios quirúrgicos se ha llevado los recursos de los hospitales más pequeños, —que no menos necesarios—, con volúmenes de población de unos 200.000 habitantes y ratios incumplidos de profesionales cualificados, en todos los ámbitos, durante décadas.

En la zona de mi hospital, la margen izquierda de Zaragoza, costó que aumentasen la plantilla, de uno a cinco, veinte años. Han pasado como en un suspiro, mientras que la dotación de otros hospitales de la comunidad ha ido incrementándose, probablemente por una gestión más eficiente de sus responsables... Y porque al huérfano hospital de la margen izquierda, se le ha dicho casi siempre 'no' a sus necesidades y a sus profesionales. Éstas han ido resolviéndose, según los intereses de los políticos de paso en el sector.

Así es como conocí la última contratación de peonadas. Un día, cuando eran las 15.30 horas, me levanté del sillón de la consulta, como tantos otros. De pronto veo al entonces jefe del Servicio de Medicina Interna con sus adjuntas jóvenes. Acudían a iniciar las peonadas vespertinas de nuestra sección. No había especialistas que contratar, pero si adjuntos de Medicina Interna para pasar la patología menos grave de la especialidad. Salía de la consulta, cuando me lo encontré esperando en la puerta, la pregunta fue inevitable:

—¿Qué haces aquí?

—Estoy esperando a que acabes, para pasar la peonada de la tarde que tu no quieres hacer.

Así sucedía con otros colegas, aunque fueran los menos numerosos. Los gestores priorizaban poner orden en la sección basándose en una idea de paciente bien controlado. Así se daba el alta por parte de la enfermería según los criterios del internista. Se enviaban a Atención Primaria. Aunque luego vinieran las vacas flacas, las demoras en las revisiones, el empeoramiento metabólico... En el primer nivel asistencial, no ha sido posible responder a la presión de los pacientes con tanta pluripatología. Requieren muchos recursos humanos y mucho tiempo.

Se sigue optando por las peonadas porque no hay profesionales y no se ha permitido planificar el trabajo adecuadamente. Faltan contrataciones. Esto hace que las listas de espera revienten y se alarguen con la máxima impunidad. Así, después, será la medicina privada la que nos ayude, bajo la bendición de un sistema que está enfermo de base.

No todos los profesionales quieren peonadas —como ha sido mi opción—. Personalmente, he favorecido la contratación de interinos sobre el incremento salarial individual. De todas formas, esta práctica tan generalizada de gestión, ha permitido justificar el no incrementar el número de plazas de especialistas, en hospitales comarcales. Éstos llevan más de veinte años en nuestra comunidad, con un solo especialista en cada materia, con las presiones y otros problemas que surgen en dichas situaciones, en particular, en derechos y conciliación familiar.

Aunque existan las peonadas y la intromisión en las dinámicas de las secciones de especialidad recientemente formadas, las reformas que no son legales, no lo son. Así fue cómo dejaron de dar altas a la primaria, promocionadas por el servicio de Medicina Interna, por la enfermería en nuestro centro de especialidades. También desaparecieron las necesidades de contentar a la administración, habituada a decir no a las propuestas innovadoras de la sección más allá de las cifras y del trabajo. La simultaneidad horaria —¡triple!—mantenida durante años durante años en nuestro protocolo de trabajo, se reevaluó y dejamos de trabajar por la tarde. Sólo los sábados para cumplir nuestros objetivos de horarios.

Estás y otras formas inconfensables de dejación de funciones, de falta de apoyo y desinterés por los profesionales —incluida su salud— por parte de los gestores, ha convertido a los nuevos médicos en funcionarios con horarios al minuto. Sobrepasar lo convenido es una pérdida de tiempo innecesaria. Es una falta de atención personalizada impulsada desde la administración, que se comporta como una atentica madrastra.

Son necesarios cambios profundos en el sistema, fomentar la eficiencia y empatía con los profesionales.

14

Las demoras del Salud

Pacientes y profesionales las sufren

Las demoras del sistema sanitario, único y universal, en el que nos movemos, no suelen afectar a la urgencia ni al compromiso a corto plazo con los pacientes. Se ensañan con el paciente crónico y las revisiones. La estadística 'cuántica' del sistema hace que sólo se tenga en cuenta la demora de primeras visitas. La de las revisiones no computa.

El cuidado compartido entre diferentes niveles asistenciales ayuda a mejorar la eficiencia del sistema. Las sobrecargas de la Atención Primaria y las que sufre la Atención Especializada, no siempre están balanceadas.

La mayor longevidad de los pacientes complica los casos. Con la edad aumentan las neoplasias y los problemas cardiovasculares y degenerativos. El envejecimiento obliga, al menos durante las estancias hospitalarias a una colaboración multidisciplinar, dada la necesidad de valorar recursos, esperanza de vida, tolerancia, cronicidad y otras variables.

En una ocasión, tuve un paciente complejo diabético de mediana edad. Llegó con una severa afectación motora en extremidades. Se evaluó como una polineuropatía diabética. Tenía un componente mixto sensitivo y también motriz. Al paciente se le ingresó. Se le detectó la necesidad de optimización del cuadro metabólico de base, con una diabetes tipo 1 lenta[15]. Esta habría requerido 'insulinización' hacia años y que, quizás, hubiera podido revertir con la mejora metabólica del paciente. Con el ingreso, se inició un

[15] Diabetes tipo 1 lenta o diabetes con fallo en la producción de insulina, de forma progresiva y lenta en el tiempo, no de forma brusca como en las diabetes insulinodependientes infanto-juveniles

nuevo tratamiento. Se valoró desde la perspectiva traumatológica el deterioro articular generado por el paso del tiempo, debido a la imposibilidad de la deambulación. El neurólogo sentó unas pautas más intensificadas de control del dolor neuropático. La fisioterapia evaluó las posibles mejoras, en un proceso tan cronificado.

El paciente fue dado de alta, con la consigna de ser citado con criterios preferentes en nuestras consultas. No sucedió. Una mañana irrumpió a grito pelado fuera de la consulta. Fue en el espacio de transición, donde los pacientes y los profesionales nos cruzamos a diario. Es la zona de paso, bien para ir al servicio, para tomar un café rápido o para lo que fuese. Ahí se escuchan lamentaciones por la demora en los minutos de espera, por el tiempo perdido. Demasiada cercanía, sin intimidad. Más de una vez había que echar unas voces tranquilizadoras diciendo ¡ahora subimos!

Pues ahí llegó gritando. Y los gritos, cuando se está trabajando, son una forma de maltrato. Tanto para el profesional como para el paciente que está dentro de la consulta. Afuera estaba la enfermera poniendo remedio a aquel griterío. Hablamos y le dije que conocía al sujeto. Expliqué que había estado ingresado y que le dejase entrar, más allá de la escandalera.

El paciente pasó a la consulta. Tras soportar sus comentarios sobre la dejación de funciones, la demora de consultas y la administración, hablamos. Hacía ya meses que tenía que haber sido atendido. El hombre había terminado por desalentarse, había dejado parcialmente el tratamiento de insulinoterapia. También la medicación para su problema neurológico la tomaba de forma discontinua. Era tal el malestar emocional y físico que, repetidamente, me pidió perdón por los gritos.

Su situación familiar había empeorado y no se hablaba con las hijas. Esto le había generado un dolor emocional inmenso de difícil solución. El hombre había abandonado la lucha por la supervivencia. Una vez más, cuando la vida te pone ante diferentes desafíos y algunos son de tal magnitud, no se pueden enfrentar sin apoyo.

El paciente no tuvo el soporte que requería por nuestra parte. Las demoras se eternizaron en ese revés 'cuántico' de la lectura de las revisiones, por parte del sistema. Así el trabajo se intensifica para el profesional. Esto es lo habitual, con un empeoramiento manifiesto del control metabólico dadas las demoras, más allá de los parches de la teleconsulta con Atención Primaria, también desbordada con la presión asistencial.

Cuando los pacientes tienen problemas de salud complejos y múltiples y, además, su situación familiar empeora, puede pasar de todo. Aquel hombre fue citado con preferencia para volver a los controles, tratando de optimizar las diferentes partes de su patología. Su estado de ánimo y la gravedad familiar fueron algo difícil de mejorar. Estaba suspendido en un bucle en medio de la ineficiencia del sistema y la bronca de la vida.

Otro paciente con una patología similar, —diabético, joven, con necesidad de insulina y una polineuropatia muy evolucionada—, volvió a la consulta tras una prolongada demora. Llegó con un severo empeoramiento metabólico y neurológico. Tenía dificultad para la deambulación y había empeorado el sistema nervioso de las extremidades. Abandonó el tratamiento parcialmente. Dejó de hacerse modificaciones según glucemias. Tenía una sensación de abandono de su médico, del sistema. Tenía la impresión de que su patología no le interesaba a nadie de los implicados, con desconfianza y pena por la dejación de los profesionales. Esto iba acompañado de un grave empeoramiento analítico.

Esto se repite más veces de las convenientes, en vida real. Muchos pacientes se sienten abandonados, por la demora excesiva en la espera para revisiones. No vale pensar en retrasar la edad de jubilación, trabajando como cuando tienes la mitad de años, ni pactar con la privada las revisiones, con más frecuencia, porque tus médicos estén saturados.

Los negocios de la sanidad privada se nutren de las demoras de la pública. Los pacientes van y vienen. Vuelven a la pública para buscar los recursos tecnológicos que no consiguen en la privada o que no se han podido conseguir. El seguimiento estrecho, pagado y a veces más complaciente, según la patología, lo hacen con las contradicciones y la falta de contratación de profesionales en el sector público (malos cálculos de especialistas, fuga o desmotivación).

Hay que terminar con el maquillaje en las cuentas, con la falta de recursos. Hay que terminar con los ratios realmente existentes e inadmisibles según las recomendaciones de las sociedades científicas. Basta de menospreciar al profesional que trabaja por igual de los treinta a los sesenta y cinco, sin consideraciones de ningún tipo, en el caos del sistema público en el que nos encontramos.

Y lo mismo cabe decir respecto de Atención Primaria. Nuestros médicos de cabecera están saturados. No pueden llamar ni a los pacientes oncológicos, mientras estos no se compliquen y aumenten la presión asistencial. Dejación de funciones, estar quemado, necesidad de jubilación anticipada si ya no aportas nada más que rutina a tu actividad clínica diaria. Es difícil asumir moralmente a los pacientes olvidados.

Cuidemos a los profesionales, no solo con aplausos, con aumento de recursos y calidad en los puestos de trabajo.

15

El voto en contra

Consolidada la plaza, si te he visto...

La carretera era tortuosa, la mañana fría. Se decía que el puesto de trabajo en el hospital de aquella pequeña ciudad de provincias era muy estresante. Tocaba estar como único profesional de la especialidad, con la implementación intensiva de la consulta externa, sin apenas posibilidad de hacer medicina hospitalaria y dependiendo de los servicios con mayor número de facultativos. Esto es un hospital comarcal.

Llegue pronto. Era un día luminoso. Tenía que estar al mediodía en el tribunal de la especialidad. Se presentaba un único candidato. Estaba allí desde hacía tiempo. Quería consolidar la plaza con el beneplácito de los servicios dominantes, en el pequeño hospital.

Estuve paseando por el pueblo. Visité la pequeña zona comercial, los alrededores del centro hospitalario. Entré en una tiendecilla de bisutería y platería. Allí cayó la pulserita que luego me recordaría, y me recuerda desde hace años, la experiencia en aquel lejano hospital del medio rural y de provincias.

Llegada la hora, nos encontramos como un racimo. El jefe del servicio médico más potente planteó, sin tapujos, que como sólo había un candidato, para qué íbamos a hacer examen. Lo dábamos por aprobado y así todo estaba legalmente correcto. La consolidación de la plaza, sin pasar ni siquiera por el pequeño estrés del candidato único. Sin examen y amén.

—¿Que tal el viaje?

—Estupendo, la carretera ya sabes.

—Bueno pues que tengas buena vuelta.

Y así se acabó la oposición.

Como la vida da muchas vueltas, posteriormente me presente a una plaza de jefe de sección en un hospital de la capital. Era un paso natural dentro de la carrera profesional. En este caso estábamos dos candidatas, una recién llegada de un hospital del extrarradio rural y yo misma. Ahí llevaba años ayudando en la organización del área, dependiente de uno de los grandes hospitales de la comunidad.

En el tribunal estaban el antiguo especialista del hospital comarcal aprobado de aquellas maneras, junto con su jefe de servicio. En el turno de preguntas, —ajenas al área del profesional en cuestión, eso sí apropiadas para la otra candidata y amiga— la suerte ya estaba echada.

Si la presión asistencial aumentaba mucho quien debería llevar a pacientes embarazadas con patología metabólica durante el embarazo, la educadora o el médico de atención primaria. Debía estar todo tan claro para el tribunal que la otra candidata seleccionada, organizó consulta de pacientes en nuestro centro de especialidades, a las trece horas, tras acabar la oposición, en la más absoluta ilegalidad complaciente. Por supuesto, tuvo el apoyo de los miembros del tribunal, de la derecha más casposa y amistades.

En aquel momento comprendí, como luego me lo confirmaría formalmente el abogado, que los puestos de libre elección del Salud se deciden por criterios políticos puntuales. La oposición es un mero trámite, decidida de antemano, invalidando o validando con criterios muy rigurosos o en exceso, los méritos según convenga y según las amistades que se tengan.

No hay más dolor que el que genera el desamor, la envidia y la incompetencia emocional. Es de esperar que la vida nos ponga a cada uno en nuestro sitio.

Penoso, los recovecos del sistema.

16

La tiranía

De las mujeres, en los puestos de mando.

Las mujeres hemos aumentado nuestra presencia en todo el sistema sanitario, también en los puestos de gestión clínica. A medida que se ha ido incrementado la presencia de las profesionales, era algo cantado. La frecuencia es superior al 50% en las facultades. En mi especialidad hay detalles que requieren una reflexión.

Estos puestos de gestión son cargos que los varones nos han dejado tener por razones como el horario de dedicación, si tienes o no privada o si quieres el poder en sí mismo.

Los modelos a los que se adhieren y ejecutan las mujeres en dichos puestos suelen ser similares a los de los varones. Prima el tipo autocrático, jerarquizado y ligado a las servidumbres de la administración. La falta de transparencia relacional podría decirse que es una de las claves, así como también la ausencia de 'quereres'.

Las dos jefas —con las que me he relacionado en diferentes hospitales— tenían en común la ausencia de quereres, la falta de transparencia emocional y un modelo de gestión inercial. Los problemas se abordan cuando están encima.

Es llamativo que las herencias se mantengan en estos tiempos meritocráticos. Los egos son tantos, diferentes y de tan diversa calidad que es difícil no encontrar la guerra en cualquier lugar. En este mundo nuestro, las líderes de opinión te pueden abducir porque llevan extensiones que se hacen en peluquerías caras, mientras las adjuntos encuentran muy atractivo para el liderazgo dicho compromiso estético y no las obras de base o la ciencia. También la resistencia a salir de copas tras los congresos es una gran cualidad.

Otras veces, las tipo Hepburn se pasean por el hospital como por los campos de algodón de New Orleans, en una expresión de poderío exento de amor. No hay que quitar importancia a su gestión y lo que cada una ha aportado. Las que mandan han querido que mejorarse el funcionamiento de las secciones, más allá de las personas. teniendo en cuenta los intereses personales y también los colectivos.

La presión asistencial es enorme. Impide ver el bosque, solo se ven las ramas. Como cuando las inscripciones a la universidad de otra comunidad eran presenciales y las menores tenían que ir solas de comunidad en comunidad —según la versión de la jefa— sin acompañamiento familiar, porque había que 'des-citar' pacientes. Esto con algún comentario exento de respeto y amor. O el problema de tener vínculos con la universidad, con el tiempo justo para la actividad, casi llegando tarde y nunca preguntando por qué o el para qué de la colaboración de tu adjunto, con esa entidad. O no saber ni lo que se publica en tu sección, con trascendencia nacional o mayor, porque lo que tú no haces no existe. O cuando te quieres desarrollar en un campo y todos son contactos oscuros o complacientes, para no dejarte progresar.

Para la gestión hay que tener ciertas cualidades. En el siglo XXI no puede ser que tu mujer haga la mejor fabada del universo o planche superbién. Esto, como comentario dicharachero, puede ser gracioso. Lo peor es no distinguir qué le conviene a tu equipo y cuáles son las líneas de trabajo comunes. El conocimiento es un arma de poder, pero no es la única que interesa y hay que tener. También te pueden querer por ser buena persona y luego dejarte destrozar por la administración. También puede ser que no sepas ver las cosas claras y además eres 'jauto' en la vida y emociones.

El desamor es la motivación más profunda para cambiar de puesto de trabajo. Si tu naturaleza exigente y laboriosa se torna en control férreo, obsesivo con los subordinados, cuando no sabes reconocer lo que otros hacen porque en tu jardín solo se crían tus flores y lo demás esta yermo, entonces, tienes que ir a arrasar como las termitas otros campos. Si te dejan hacerlo.

Hay personas que no dejan crecer a las demás, menos a las cercanas. Con costumbres insólitas como no conocer ni preguntar por tu vida familiar, en un acto de concordia, y solo centrarse en las cenas de congresos asesorando a su prole en lugar de compartir el ahora. Huelen a soledad y oscuridad.

No hay gestión sin empatía e interés mutuo como *human being.*

17

La MIR de familia

Tintinear pestañas y sobredosificación de antiepilépticos.

La convivencia prolongada entre tantas almas trabajando en la sanación, hace que la capacidad de percibir los claroscuros internos, las enfermedades, la forma de ser, los conocimientos, la empatía y otras formas de manifestarse lo humano estén casi al descubierto. Como las hojas de los libros, que se van abriendo mientras los lees con el roce de las hojas.

Así, los residentes —enloquecidos por los atracones de conocimientos y las rotaciones de alto voltaje, con seminarios, pacientes, urgencias, especialistas, etc.— son los pilares sobre los que luego se apoyaran las decisiones de salud. Los hay que, tras hacer otras carreras, se dieron cuenta que lo suyo era la sanación. Estudiaron y aprobaron la residencia para ejercer, después de tener otra vida profesional previa, una familia, unos hijos... Incluso esos mismos hijos se preguntasen por qué estudiaban tanto su madre, si ya tenían cierta edad y había prioridades como la maternidad.

Sin embargo, cuando sientes la necesidad de trabajar en este campo se mueven otras variables. Son difíciles de entender, incluso para la familia. Vocaciones tardías.

También emergen problemas de salud en los profesionales. Por ejemplo, los trastornos del comportamiento alimentario no son tan infrecuentes. Recuerdo un caso, algo le pasaba a María, una joven residente. Teníamos miedo de la percepción que pudiera provocar, como profesional, en los pacientes.

La suceptibilidad a la enfermedad forma parte de nuestra naturaleza humana. La vigorexia[16] puede llevarte a gritarle a una

[16] Vigorexia, mantenimiento de la salud, mediante la idealización del cuerpo masculino y femenino, con intensa y excesiva actividad física.

persona por un desayuno con Cola-Cao y el supuesto exceso de calorías. Puede ser traumático evaluar a una paciente con obesidad o tender, en general, a un cierto tipo de maltrato psicológico por los trastornos ponderales, la obesofobia reconocida de los profesionales. Hasta ahora había poca ayuda farmacológica en este campo, la investigación estaba escasamente desarrollada. El cambio de hábitos nutricionales y de vida, no son bien soportados en el sistema público de salud. También las modificaciones conductales en esta patología, suelen ser transitorias. La adherencia al tratamiento varía según género, mejor tolerado en los varones, tanto en los pacientes como socialmente.

Tenemos de todo. Por ejemplo, en estos tiempos tecnológicos, residentes mirando sus Smartphone delante del paciente mientras empezábamos la consulta, a primera hora con brío y ánimo. Un modo de evaluar las primeras visitas particular.

En una ocasión, tenía en la consulta a una residente, profesional motivada, a la que tintineaban las pestañas de forma matutina. Llegaba hasta el extremo de quedarse adormilada en las primeras visitas a primera hora de la mañana.

Pensé, ¿será la resaca de un día por haber dormido mal? ¿Una guardia tremenda con poco descanso? Pero el síntoma se fue repitiendo día a día. Según pasaba la mañana, la residente poco a poco se iba despejando y retornaba a una dinámica de colaboración con el paciente.

¿Qué estaba pasando? Hasta que un día como adjunto, le pregunté abiertamente si tomaba drogas o alguna medicación. Tenía la impresión de que esta sobre-dosificada, por no utilizar el término drogada. Y sí. Llevaba tratamiento con antiepilépticos. En ese contexto de cercanía, sin ser especialista de esa patología, parecía obvio que necesitaba un ajuste del tratamiento. Y así, fue se ajustó y la excelente residente siguió con su rotatorio empático.

Hay que convivir con el síndrome metabólico y su diabetes, los múltiples factores de riesgo cardiovascular, el alcoholismo con el tintineo del Don Simón en las guardias y el rezo permanente para evitar el miedo de las responsabilidades compartidas con sanitarios brillantes, en caminos torcidos por la vida.

También con la dificultad de ser un diabético insulinodependiente, de estar en las guardias, de llevar sensores, infusores subcutáneos de insulina, de controlar tu situación metabólica por el estrés del trabajo, de estar en los dos lados del profesional y de paciente.

Nuestra vulnerabilidad, en una profesión que requiere tanta energía para mantener las estrategias terapéuticas, ocasiona una profunda demanda de conocimientos y de empatía, para sobrellevar el equilibrio energético individual.

Es difícil mantener un equilibrio.

18

La máxima satisfacción

El agradecimiento del paciente

Era una mañana más, había comenzado como tantas otras. Recogí a los compañeros cerca de sus casas. Éramos una patera en viaje y sesenta minutos con varios puertos, valles, cumbres y nieblas. Finalmente, la consulta llena con todo el tiempo para dedicar a los múltiples pacientes del área.

Esta situación en la zona rural próxima a Zaragoza y los grandes hospitales de referencia, sigue. Después de 30 años se repite de manera similar. No salen los ratios profesionales, esto permite a los políticos presionar en diferentes sentidos, tanto personal como laboralmente, con un especialista solo, con los gestores queriendo que salgan las cuentas... las demoras.

En esas condiciones, los cirujanos llevan la nutrición. La hospitalización era y es una agonía, añadida a las múltiples horas en la consulta. Al terminar, hay que ver a los pacientes ingresados. La negación de las situaciones mixtas de colaboración entre el sector público y la privada, mediante convenios financiados por la industria en el campo de la nutrición, —por ejemplo becas—, es algo que el Salud no ha querido admitir. Es una postura hipócrita. No se reconoce la falta de implementación, desde hace décadas, en el campo de la dietética hospitalaria. De hecho, uno de sus famosos actos de gestión autonómica, fue la no renovación del contrato a una dietista con más de diez años de trabajo en un hospital de la provincia de Zaragoza, sin cubrir *sine die*, posteriormente.

En aquel momento, yo acababa de llegar de la comunidad valenciana, con una política de diversificación laboral que no se contemplaba en Aragón. Cuando volví por motivos familiares, me encontré con una sociedad agrícola, con unos directivos procedentes de la inspección médica, poco dados a apoyar al profesional. Con una presión asistencial monotemática que reflejaba la pobreza de nuestra comunidad, para con los profesionales. Se estaban quemando los barcos hasta las velas y dejando que el personal ardiera en las necesidades de un sistema pobre y rastrero, organizativa e intelectualmente.

El acuerdo que teníamos que cumplir, en el hospital comarcal, era implacable: el especialista pasa consulta, si hay una urgencia-urgencia debe parar, dejar a todos los pacientes esperando y acudir raudo y veloz a la urgencia. Luego todo se andará. Sobre el estrés mejor no hablar. Así es como conocí a Martin.

Me llamaron de la urgencia a primera hora de la mañana, la consulta estaba a rebosar. Llegué, lo habían encontrado en el campo, de forma casual, inconsciente. Lo llevaron a urgencias y tenía una arritmia ventricular con un infarto de miocardio de base. Nos pusimos todos a trabajar coordinadamente. Conseguimos estabilizarlo. Una vez estabilizado se ingresó en la unidad de cuidados especiales, una unidad con protocolos y fármacos de UCI, llevada por el médico de guardia del día, dependiente de los traslados a una hora, a Zaragoza, previa evaluación del paciente por el hospital de referencia y con tiempo de demora para su traslado.

Del paciente recuerdo que cuando se despertó en la urgencia me pregunto dónde estaba. Si era la tierra o si aquello era el cielo. Sus ojos, profundamente azul mediterráneo mostraban la intensa sorpresa de quien ha estado en algún otro lado o instante y ha vuelto. Poco a poco se fue centrando en su persona, volviendo a un punto de retorno. Se le explicó qué había sucedido, que lo trasladábamos a Zaragoza y que había ido todo muy bien. Había superado el riesgo mortal de su arritmia y ahora quedaba el problema cardiaco.

Después de horas, el paciente fue trasladado a la UCI del Hospital Lozano Blesa, donde fue estabilizándose y controlado por los cardiólogos posteriormente, hasta su alta.

Pasaron meses, hasta que un día, en una guardia, por la tarde, mientras miraba el atardecer por las cristaleras del Ernest Lluch en un momento de reposo de la vorágine, de repente, oí un oiga y me volví. Sentí como un recuerdo lejano, el color de los ojos del pastor-agricultor-hombre del campo, eran azules, aquel azul mediterráneo infrecuente en nuestra comunidad, algo en el me resultaba familiar, aunque no tenía muy claro quién era.

De repente comentó, que me ha dicho mi sobrina que viniera a darle las gracias a la médico de la trenza larga, que ella es la que te apartó de la muerte. Recordé el torbellino de emociones de aquella mañana, su despertar, la alegría porque estuviera vivo, su agradecimiento, sus ojos azules, su espontaneidad infantil de tión, todas las sensaciones primitivas que compartes con quien has estado en un momento crítico de su vida.

Me despedí de Martín con alegría, con la sensación de haber estado en el momento oportuno. Recuerdo la compenetración con el servicio de urgencias, un hombre de mediana edad. Fue una alegría sentir una vida más por ahí circulando, además de la buena evolución de su problema cardiaco. Está claro que existen las limitaciones estructurales de medios, de recursos humanos, de algoritmos de derivación, de estructuras, pero a veces todo funciona armónicamente.

Una gran alegría

19

El conflicto de la dedicación exclusiva

Decadencia y cáncer del sistema:
lo mismo vale cumplir que no el horario.

Cuando la marca España del MIR quería afianzarse surgió la discusión si dedicación exclusiva o no, en los adjuntos contratados. Cómo armonizar este concepto no era ni es sencillo. Se optó por premiar modestamente a los médicos que se dedicaran sólo a la medicina pública, sin ejercer luego en la privada. En el fondo hay un conflicto moral. Existe la tentación de recomendar a tus pacientes que los podían ver con menos lista de espera, por la tarde, en tu consulta privada. O en ocasiones, si ya una vez vistos, las pruebas complementarias se las podrías solicitar en la medicina pública, siempre teniendo en cuenta el criterio de celeridad de la privada. Gran logro del sistema privado junto con la escasez de recursos humanos, las visitas periquirúrgicas online de los pacientes, las sabanas de gran calidad en el sector privado y la simplicidad de algunos de los actos quirúrgicos por los cuales se llevan ingentes cantidades de dinero, problemas oculares menores, problemas inguinales leves, altas rápidas que cuestan pocos gastos al sistema privado y pocos riesgos, con escaso personal.

También el trasiego de cientos de millones en alguna de nuestras comunidades autónomas para mitigar las listas de espera, en lugar de nuevas contrataciones públicas, que siempre resultan más caras. Sin embargo, el sistema público, escaso de ideas, con todo un ejército de adjuntos jóvenes que quieren dedicarse en cuerpo y alma a este sector público, estuvo divagando por la presión de la medicina privada sobre los incentivos por la dedicación exclusiva.

El cumplimiento o incumplimiento del horario, en estamentos relacionados con el ambiente quirúrgico, era motivo vergonzoso para algunos grupos de profesionales. Acostumbrados a cumplir su horario no veían bien cómo los periquirúrgicos lo incumplían de forma manifiesta. Esto con tolerancia por parte de la administración, ante la falta de personal, con el trabajo en el sector privado.

Ni siquiera las jefaturas dentro del sector público, resultaban atractivas a quienes habían probado las ganancias en el sector privado. Se toleraba ser jefe de servicio en el sector público y seguir ejerciendo la medicina privada, con miles y miles de euros diarios en movimiento, por parte de los gestores públicos y posible doble moral. Fármacos que requieren visados y pacientes con seguro público y derecho a ellos, aunque prescritos por los sectores privados.

Una cadena de contradicciones, de salidas en la tele con los chuletones que te puedes comer una vez que te operan, compadreando con tu cirujano como si fuera tu colega, más allá de los diez y ocho mil euros a toca teja aproximados , sobre la mesa y ciertos visados en la pública para evitar la malabsorción posquirúrgica.

También puede suceder que se trabaje en el sector privado y se tenga plaza en el sector público. Hacer propaganda del sector privado, en prensa local, solo porque pagan para promocionar un proyecto de hospital, pero que da muy buena imagen a los *lobbys* de inversión y te asegura un futuro como profesional, en el sector privado, en detrimento del sector público. Esto es inasumible para otros profesionales que no entendemos esta doble moral.

El Salud tiene el corazón dividido entre aquellos profesionales, implacables e impagables y la privada con sus complacencias. Los primeros están con el sistema para que funcione en su máxima expresión y calidad, cumpliendo horarios, publicando y dando nombre al hospital a nivel nacional o incluso en otros ámbitos de mayor excelencia. Los otros tienen otras motivaciones y están con el dinero.

De hecho, el reconocimiento por parte de la administración ha sido siempre burdo, aburrido, amoral —que los pacientes se busquen la vida si quieren una segunda opinión, no hacer informes técnicos, opiniones de un responsable de las jerarquías locales del salud—, sientes vergüenza ajena de tener que lidiar con estos profesionales que no tienen ni el ADN de la ciencia ni de la empatía, impreso en su mitocondria.

También encuentras a aquellos economicistas que al aumentar las prestaciones del sistema, observan que se puede encarecer el coste de la receta, dispuestos a cargarse a cualquier profesional que intente una mejora que tiene un coste. Luego no piden disculpas.

No obstante, el sistema se mantiene porque hay un gran número de profesionales, que aparte de la estabilidad laboral, se mueven entre la vocación, las posibilidades de desarrollo científico y humano y la empatía. También, mal que nos pese a algunos, los hay que cumplen pulcramente con el horario público y luego se van a la privada, a seguir trabajando honestamente.

Que así sea.

20

Médicos vs. otros estamentos

Jerarquización, servicios quirúrgicos y la lucha entre estamentos

Las relaciones entre los diferentes estamentos profesionales están mediatizadas por la distribución de responsabilidades. En particular destacan las relaciones entre miembros cualificados de los sectores quirúrgicos.

Conocí una facultad de Medicina, con un acceso mayoritario de múltiples universitarios de clase media a los estudios de licenciatura en Medicina y Cirugía. Ya no eran los hijos de médicos los que accedían. En los años ochenta, eran los hijos de las clases medias. Eran los hijos de los sueños de padres que creían que la mejor manera de cambiar de status social era mediante el estudio. El acceso a la universidad era la clave. El sueño de entonces y de ahora, visto que los mejores sueldos y hasta es posible que los mejores destinos profesionales, estuvieran en manos quienes creían encontrar en esta profesión, el porqué de su existencia.

Sin embargo, como MIR marca España, todo lo que aprendí de las enfermeras altamente cualificadas de la UCI por donde rote fue esencial. Fue una experiencia de conocimiento, de empatía hacia el paciente, de apoyo al residente y de colaboración del grupo. Todo era necesario para salvar al paciente crítico, allí presente.

No obstante, las primeras vivencias de estructura laboral muy jerarquizada fueron como paciente tocológica. Siempre habían sido las enfermeras santos de mi devoción, en particular, con la cualificación en su puesto de trabajo como educadoras en diabetes. Esa fue una actividad que promocioné, ampliamente, dado que no se puede entender el vivir con tal enfermedad sin la formación terapéutica que necesitas de una educadora.

Cuando, ya como paciente y profesional, tuve a mi primer hijo mediante cesárea, la enfermera de la planta me comentó que el dolor abdominal era algo normal. La fiebre era debida a la subida de la leche, por la lactancia. Pero allí fue cuando en medio de tanto dolor, tuve que ponerme en una posición de jerarquía y ordenarle que llamara al tocólogo de guardia. Aquello no era ni lo uno ni lo otro, que era un problema infeccioso abdominal, como así fue.

Posteriormente, en otros servicios quirúrgicos, como en Neurocirugía, el alegre acceso mediante craneotomía a los tumores cerebrales, en una mañana después del futbol, no quitaba que el pase del instrumental y otras actividades más específicas fueran coordinadas rigurosamente, entre estamentos.

Todo ello ha llevado a que, por múltiples causas, las reivindicaciones de ambos estamentos sanitarios hayan discurrido por diferentes caminos, con mayor y envidiable asociacionismo entre las enfermeras y un ambiente menos colectivo de minoría privilegiada, por parte de los médicos. Sin embargo, son las clases medias de los facultativos quienes están sacando adelante la sanidad pública. Tal vez no con el fervor de los ochenta pero si con la determinación de necesitar un trabajo que, además, sea satisfactorio y enriquecedor.

Nos extraña a algunos que los mejores MIR en la sociedad actual, opten en los primeros puestos de la especialidad marca España, por especialidades con un impresionante olor a medicina privada, signo del cambio de los tiempos.

Las distancias siempre han estado presentes entre estamentos sanitarios. Se facilita por la polivalencia de la enfermería y la ausencia de intromisión de las direcciones médicas, como parte de las necesidades de una sección. Son relaciones moduladas siempre a través de los coordinadores oficiales, manteniendo una gestión que se hace dependiente de los jefes de servicio y algunas variables más.

El extremo del negacionismo colaborador me lo encontré en una enfermera, muy eficiente, del medio rural, que no sabía trabajar en equipo porque unas cosas eran del médico y otras de la enfermería. Esto en pleno siglo XXI. Puede ser que el conflicto fuera de empatía personal, pero esa tendencia se manifestaba en todo lo que consideraba que no era sus competencias, haciendo la convivencia menos fácil y dificultando el trabajo de equipo.

Sin embargo, la colaboración multidisciplinar ejemplo de constancia y de empatía, se ve en los servicios quirúrgicos. Existe una distancia entre estamentos y, al mismo tiempo, confianza y delegación en las enfermeras toda clase de cuidados y de conocimientos para sacar adelante a los pacientes. Casi siempre en momentos complejos que requieren muchos cuidados, de los cuales otros profesionales aprendemos la paciencia que hay que tener en el camino hacia la supervivencia.

No es posible, dada la complejidad de los pacientes, no colaborar en un espacio multidisciplinar ya que la supervivencia exige un caro precio en los cuidados.

21

Puestos políticos

Indecencias de las direcciones médicas

Las relaciones con la dirección de los hospitales, desde la perspectiva laboral, siempre tienen elementos conflictivos. Así lo he comprobado en diferentes hospitales y comunidades autónomas. Los gestores tienden a mirar la relación con el profesional desde una visión orgánica, institucional y, en muchas ocasiones, economicista. Es una perspectiva que no suele tener en cuenta las connotaciones más personales de esa relación laboral.

Después de aprobar una oposición y estar unos años fuera de mi comunidad, tras mucha insistencia en la comunidad transferida, conseguí una comisión de servicios. Al llegar de nuevo a Aragón, hace treinta años, la primera pregunta del entonces director —y amigo— fue directa:

—¿No llevarás idea de quedarte embarazada? Sería una faena porque sólo estas tú como especialista.

Me dejo perpleja. En aquel momento y con lo costoso que había resultado salir de la comunidad transferida, no pensaba en una inmediata maternidad. Sin embargo, no me hizo ninguna gracia el comentario de mi progresista compañero. Me hundió en un estado de confusión que ni me había planteado. Mi respuesta, por supuesto, fue de una mentira absoluta.

Dada la situación, surgió la posibilidad de trasladarme al hospital más grande de la comunidad, con el beneplácito del entonces jefe de servicio. Había residentes que salían cada año y que podían ir a los hospitales comarcales, mientras otros profesionales llevábamos ya unos años dando vueltas por la geografía española. Aun con todos los beneplácitos y las molestias del viaje, —de los doscientos kilómetros diarios durante años—, no pudo ser. El conocido y entonces director del pequeño hospital se trasladó como especialista al gran hospital y allá, en el comarcal, se quedaron los compromisos con los que habíamos llegado de otras comunidades. No nos volvimos a hablar.

Mientras tanto, estando en comisión de servicios, me quedé embarazada. En aquel momento el director era un antiguo inspector de la Seguridad Social, de los de mano dura. Sufrí amenazas constantes durante el embarazo. Decía que iba a de acabar con la comisión de servicios. Como así hizo y, al final de la gestación consiguió que se me la rescindieran, ya a punto del parto. Tuve que pelear y conseguí revertirlo, vía legal. Eso sí con mucha presión personal.

Ese gestor y representante del sistema deterioró las relaciones profesionales y me impidió —a diferencia de las concesiones a otros estamentos sanitarios— aunar los días de lactancia. Me concedió la 'oportunidad' de que acudiera sola una hora antes de las ocho de la mañana o una hora después de las dos de la tarde. Hizo imposible que acudiese a diario a mi domicilio en Zaragoza para proseguir la lactancia. De hecho, no pudo ser. Afortunadamente, en un traslado nacional, le perdí de vista para siempre, deseándole lo mejor de su carrera en las periferias más lejanas del Salud.

Otro sujeto de perfil similar fue un jefe de citaciones del gran hospital de la comunidad. Las relaciones con él nunca fueron buenas. Era muy rígido en su modo de plantear los números y citas en los centros de especialidades y su poca deferencia con los profesionales. Tenía una forma deshumanizada de relación con el profesional médico. Es un problema en los grandes hospitales con servicios centralizados de citación. Esto generaba muchas tensiones. Se transformaban en rencillas personales. Incluso los protocolos de derivación de los pacientes, entre los diferentes niveles asistenciales de Atención primaria y especializada estaban envenenados por la presión asistencial. Imponía que los diabéticos insulinodependientes, tipo I, fueran controlados por Atención Primaria, hecho que motivaba hace treinta años grandes discusiones entre nosotros, pues considerábamos que eran pacientes dependientes de atención especializada, por su complejidad y necesidad de dedicación.

Sin embargo algunos cargos cercanos a los puestos de gestión opinaban que todo valía, siempre que no tuvieras un problema de salud con un familiar. Entonces sí era mejor el especialista y no la primaria. Esa doble moral imperó durante muchos años en nuestros gestores.

Los sistemas de gestión y los gestores fueron coordinando su actividad mediante reuniones de trabajo con los coordinadores clínicos, electos de diferentes maneras. Así dejaron de tratarse con el resto de los especialistas del equipo. Ellos eran la correa de transmisión y los adalides de las órdenes, desde la gestión central. En general, cuanto más conservadores menos contactos con el profesional, menos se tenían en cuenta otras opiniones, las necesidades de recursos humanos y más gris aterciopelado, en las relaciones humanas.

El problema de este sistema piramidal era que cuanto más se intensificaban las relaciones con el coordinador, sin ninguna otra participación de la sección, terminaban llevando las propuestas a ningún buen puerto. La mayor parte de las veces, el trabajo no se acompañaba de recompensas en contratación, aunque fueran necesarias. Siempre pesaban los agravios comparativos con otros ratios que se mantenían, en otros hospitales, con mejores gestores probablemente.

Tampoco les importaba proteger a algunos profesionales, en detrimento de otros. Contaba más la cercanía —fuera en planteamientos religiosos o de otro tipo— sólo cuando las denuncias y el problema de supervivencia de los pacientes se ponía en entredicho, reaccionaban y dejaban de promocionar a sus adjuntos. Era cuestión de redes clientelares. Algunos de buenas familias, con hijos a su cargo, que hubieran perdido las custodias si las graves enfermedades que todos soportamos y padecemos, como los pacientes, se hubieran conocido legalmente.

Siempre he pensado que estos gestores políticos pasarían, como así fue. Iban y venían. Estabas en tu sitio en el hospital o en el centro de especialidades y ellos hacían sus méritos, para irse a mejores zonas de gestión. Era una tensión ente clínicos que atendemos a los pacientes y estamos en este hospital y ellos que son políticos, revolotean, van y vienen y no conocen a nadie en tu entorno próximo, salvo a sus congéneres con similares objetivos.

Los burócratas del sistema han corrompido las relaciones, entre compañeros, porque no están especializados en la gestión humanizada. Tampoco les debe de interesar los estados de salud de los profesionales que componen sus plantillas. Tanto en situaciones quirúrgicas, como con enfermedades graves e incapacitantes, en profesionales que han estado trabajando durante cuarenta años, les tiembla la mano. Son de la era pre email, para desearte una rápida recuperación o una despedida polite. Son analfabetos digitales y emocionales funcionando para el sistema.

Esa dejación de funciones y deshumanización en la que se mueve la administración sanitaria, es el mayor proceso de degeneración al que nos estamos enfrentando. Es la madre de las indiferencias y generador del caos emocional y del desapego con el que funcionan y gestionan.

22

Carmen

Trauma y reclamación

Las relaciones con los pacientes, —como he escrito antes, siempre complejas— evolucionan en el tiempo. Con frecuencia, también las personas y sus enfermedades cambian, así como su perspectiva.

Aquí quiero contar el caso de una paciente que durante lustros acompañó a su madre. Ésta presentaba un síndrome metabólico con múltiples enfermedades junto a su diabetes de base. La madre había tenido, durante el largo periodo de seguimiento, diferentes cambios en su vida familiar. Éstos habían afectado a la de su hija, en particular tras su segundo matrimonio. La hija se había visto relegada en el entorno familiar, por ese cambio beneficioso para la madre. Pero, cuando la madre falleció, entró en su hogar una nueva esposa de su padrastro, que ejerció como 'madrastra'. Ésta no le permitía respirar cuando la paciente no parecía haber tenido limites previos, en su existencia.

El problema de salud de Carmen era una obesidad mórbida, acompañada a lo largo de su vida de otros factores y patologías de riesgo. Tenía un test de ingesta de dieta mediterránea similar al de un infante de cinco años, donde no existían frutas, verduras y otras comidas saludables. No le importaba decirte que ella no comía de ese tipo de alimentos. Aunque llevaba una vida de soltera activa —le gustaba coser— el nivel de actividad y gasto energético, no compensaba la ingesta calórica.

Pasó por múltiples evaluaciones, tipos de dietas, seguimiento por parte de profesionales y de la enfermera dedicada a este tipo de problema en nuestras consultas. Así durante unos diez años. La tensión arterial se fue descontrolando. Se descompensó la glucemia también. El nivel de obesidad empeoró.

Entonces se le planteó cirugía bariátrica,[17] para tratar tanto su obesidad como las comorbilidades emergentes. Era una propuesta razonable para una persona joven de menos de cuarenta años, con factores de riesgo de comorbilidades hereditarios consolidados en su familia. En su caso, unos cuantos familiares presentaban frecuentes problemas metabólicos.

Carmen luchaba para mantener su autoestima. Se encontraba ágil, pero le daba muchas vueltas a la indicación de la cirugía bariátrica. No Se le proponía la más básica, porque una gastrectomía tubular o manga[18], no era la mejor opción para ella.

El problema de salud se agravó cuando la madre falleció en el gran hospital de la comunidad. Tenía un problema cardiaco que la diabetes no hizo sino empeorar. La pérdida de su madre le provocó tal nivel de ansiedad que el aumento de peso resultó exponencial.

Tras una década de seguimiento, con comportamientos en los que aparecía sin hora en la puerta de la consulta para comentar, —como en la jota, al descuido— la descompensación de su HTA[19] puntual, su crisis de ansiedad o su malestar por no encontrar un objetivo concreto en la vida había llegado a un límite. Con la llegada de su madrastra se sentía vigilada y restringida. Esto la llevaba a merodear por la consulta de forma algo impúdica e infantil. Con mucha paciencia, se le planteó seriamente la cirugía o darnos un periodo de respiro, después de haber pasado una década de consultas. Ella optó por hacer seguimiento con su médico de cabecera.

Posteriormente, debido a un problema severo del hombro, requirió evaluación traumatológica frecuente. Debido al dolor se pospuso la intervención en diferentes ocasiones. La obesidad su-

[17] Cirugía bariátrica, tratamiento quirúrgico para tratar la obesidad y también las comorbilidades asociadas, tales como hipertensión arterial, diabetes y elevado riesgo cardiovascular.

[18] Gastrectomía tubular, técnica quirúrgica en la que se reduce el tamaño del estómago para disminuir la capacidad global y limitar la ingesta, así como la producción de hormonas que faciliten la ingesta.

[19] HTA, hipertensión arterial

per-mórbida que presentaba era una dificultad para los traumatólogos. Se negaban a intervenir por su estado nutricional, según refería la paciente.

Así, tres años después del alta en la consulta de endocrinología, comenzó a enviar cartas. Exigía que retirara de la historia el diagnóstico y el grado de obesidad. Para ella esa era la causa por la cual no era intervenida por los traumatólogos. ¡Como si peso, talla y sus ratios fueran variables tan estratosféricas, sólo registradas en su historial! ¡Como si no pudieran hacerse las cuentas y estratificar su grado de obesidad de una forma simple, con múltiples estudios previos!

El tono de las cartas se fue volviendo más agresivo. Al final afloró su malestar con insultos. Cuestionaba los criterios de intervención de la obesidad. Amenazaba sobre el mal diagnóstico de su obesidad y nos acusaba a mí y al servicio de su problemática. Puso una denuncia.

Revise su historia. La paciente era de la época del papel. Había sido dada de alta hacia cuatro años. No estaba en la historia clínica electrónica. Los últimos años había sido atendida en su centro de salud. Buscando un causante de su malestar y de las negativas a la intervención por motivos clínicos traumatológicos, esto la había llevado a su antigua consulta. Había estado más de una década, utilizando los recursos del sistema, sin respuesta por su parte y sin encontrar una salida. Fue una respuesta de niña prepuberal cuando tiene una pataleta con su médico habitual.

Solicité que no volviera por la consulta y que se la amonestara por insultar al profesional que la había atendido de forma prolongada.

Hay veces que el paciente no debe ser el centro de la consulta.

23

Segunda oportunidad

Cuando llega

Nos encontramos en la urgencia, ella con un movimiento ocular anómalo debido a una parálisis de un nervio facial, con una diabetes mellitus insulinodependiente y vómitos incoercibles por su bulimia[20]. Tenía unos valores de control metabólico pésimos, de esos que dan miedo. Desde el primer momento, es obvio a veces que hay una ingente cantidad de trabajo y pactos que realizar.

Hay problemas de salud que cuando se acompañan de otras patologías, en particular las psíquicas, son muy difíciles de controlar. Corregir su evolución lleva tiempo en la vida de la persona con la que conviven e incluso engañan. Todo ello lo que hace es aumentar la labilidad y la dificultad del control metabólico.

Su epigenética era más oscura que una tarde de otoño: madre con un hijo adolescente a su cargo, con relaciones de manutención difíciles de explicar y mejor no conocer. ¡Siempre el problema de la supervivencia! Yo no preguntaba nada. Hicimos el ingreso hospitalario. Le expuse lo que ella ya sabía. Tal como iba, se dirigía rápido hacia la insuficiencia renal y la diálisis, sino conseguíamos cortar la pulsión del vomito.

También añadí que, con un mejor control metabólico, mejoraría el estado general y el problema ocular. Acepto a regañadientes, pactando los tiempos del ingreso porque a su hijo tenía dificultades para que lo cuidaran.

Fue una alegría verla florecer, mejorar el estado psíquico, controlar los vómitos, estabilizar su diabetes, incluso el problema

[20] Bulimia, trastorno del comportamiento alimentario (TCA) con compulsión por la ingesta y provocación del vómito alimenticio posterior. Suele formar parte de patrones alternantes de este trastorno psíquico, con atracones alimentarios y periodos de restricción en la ingesta, anorexia y bulimia.

ocular tuvo una buena evolución. Al cabo de unos cuantos días, la paciente se planteó volver al domicilio.

No era fácil. Los profesionales sabemos que las personas vulnerables van a recorrer, en el mejor de los casos, una carrera de fondo y de cada uno de nosotros depende cuánto te quieras implicar en ese proceso de acompañamiento terapéutico. Lo que está claro es que va a ser duro, con la consunción de una gran cantidad de recursos y energías, tanto por parte del paciente como del profesional.

Y así fue, las relaciones con los profesionales de la salud mental que llevaban los trastornos del comportamiento alimentario, se intensificaron. Había unas cuantas pacientes con patología metabólica y psíquica. Eran de difícil control, tanto por las hiperglucemias inducidas por los atracones como por las hipoglucemias generadas por los patrones de conducta restrictiva, tipo anoréxico.

Si con algún tipo de pacientes hay que buscar la verdad oculta tras los registros de glucemia, esos son los diabéticos con trastornos de los patrones de comportamiento alimentario. La propia enfermedad les engaña y te engañan. Hay que luchar con la sensación en el profesional de que todo es una mentira o un espejismo de la realidad. Perderse en el bosque de las emociones no es difícil y, al final, te encuentras respondiendo como un ser humano y no como un profesional.

Recuerdo otra experiencia con una paciente de esta tipología. La relación había sido larga y difícil. Ella tenía una situación familiar muy inestable. Era adolescente, optó por una dieta estricta sin hidratos de carbono y llevaba un infusor subcutáneo de insulina. Estuve un par de años llevándola, un día citada fuera de hora en la consulta, le hice esperar mientras iba viendo a los pacientes programados. Se marchó y dos años más tarde, tras una época muy oscura, con intenso seguimiento por los psiquiatras, volvió a nuestras consultas. Por supuesto había que verla en el momento y el día que ella quería. Me comprometí a verla durante la mañana. Su órdago fue que acepto la viera otra compañera en el día. Así termino matando a la madre-médico.

En ese punto surge la duda ¿he sido éticamente correcta? ¿Te han manipulado? ¿Menospreciado? ¿El compromiso no era el que a ti te parecía? ¿Será que la enfermedad genera cadáveres en el campo de batalla, afines o enemigos?

Como cada persona es una galaxia, la primera paciente fue de consulta en consulta, sin poder controlar los vómitos, con cambios mil en los tipos de tratamiento psíquicos. El problema renal se fue deteriorando hasta que la mande a Nefrología. Desde ahí la remitieron fuera de la comunidad para un trasplante doble pancreático y renal. Antes había que pasar por la hemodiálisis y sobre todo controlar la inducción de los vómitos, porque no absorbería, según se le comentaba con frecuencia, la medicación que se pautara para tolerar el trasplante.

Fueron tiempos de desnutrición, diarrea por insuficiencia pancreática, severa inestabilidad metabólica, visitas con el dietista experto en pacientes con insuficiencia renal crónica. Informes para minusvalía y conseguir una manutención. Visitas múltiples, frecuentes, suplementación, insulinas, hipotensores, sensores, enzimas pancreáticas, una complejidad de paciente, aparte de la parte emocional que generaba una inmensidad de trabajo, mientras la epigenética fluctuaba en la oscuridad. Se le planteaba de nuevo un ingreso hospitalario para controlar los vómitos y estar preparada para esa segunda oportunidad, sin diabetes y sin hemodiálisis.

Al cabo del tiempo, el día llegó. Le hicieron el doble trasplante. Lo toleró. El problema de su bulimia oscilaba, la diabetes desapareció. Aumentó de peso. Dejó los suplementos nutricionales, las enzimas y la diálisis. La oscuridad epigenética se mantuvo, así como su tendencia a no asistir a consultas, ni al seguimiento por el dietista.

Lo último que supe, aparte de sentir su agradecimiento, es que vendía productos de cosmética en su domicilio. Se había convertido en una emprendedora en la que se habían utilizado todos los recursos del sistema para darle una segunda oportunidad.

24

Una paciente agradecida

Con enfermedad rara sistémica

A lo largo de la vida profesional, siempre encuentras pacientes con patologías complejas. Te hacen crecer en muchos aspectos. Intensifican la responsabilidad. Nos enfrentan a los riesgos para la salud de las diferentes formas de enfermar.

Recuerdo una paciente joven que presentó una tumoración cervical tiroidea pétrea. Parecía una neoplasia. Fue imposible hacerle una biopsia y con ese diagnóstico de sospecha de neoplasia tiroidea maligna, se la mando a intervenir. Sin embargo, tras la intervención, se observó que no era una neoplasia maligna sino una forma infrecuente de inflamación del tiroides, de características pétreas, benigna.

El posoperatorio fue bien. La paciente tenía una diabetes mellitus, tratada con hipoglucemiantes a bajas dosis y buena evolución. De forma brusca, tras el alta quirúrgica y la recuperación de la intervención, la paciente me llamó porque se encontraba con muy mal estado general. Le pedí una analítica urgente. Ahí se veía que había desarrollado una insuficiencia renal aguda. No parecía haber desencadenantes farmacológicos claros. Una vez ingresada, la misma causa que había generado la inflamación pétrea tiroidea, había provocado una fibrosis peritoneal que incluía los uréteres, atenazándolos y generando el fracaso renal agudo. Los uréteres fueron liberados.

Muchos corticoides, mucha insulina y dos catéteres urológicos le permitieron salir adelante en los dos años siguientes. La paciente fue mejorando y, poco a poco, consiguió volver a su normalidad previa. Fue una intensa lucha por recuperar el estado de salud.

Hay enfermedades graves e infrecuentes que activan mecanismos de autoagresión en el cuerpo. Generan problemas de tal severidad que no es fácil ni sencillo remontar. En el caso anterior, aunque grave, la evolución fue satisfactoria. El control del crecimiento de la masa cervical, el seguimiento renal y de otras patologías, nos llevó a mantener el contacto durante un largo periodo de su enfermedad.

Sin embargo, la inercia, el propósito celular de reproducción descontrolada volvió a la vuelta de los años. Esta vez ya preparados, evitamos una descompensación grave mediante antinflamatorios potentes pautados previamente, antes de la intervención pendiente. Y así fue. Hicimos prevención, nos adelantamos a la debacle celular y conseguimos que el cuerpo no sufriera el intenso estrés de años anteriores.

La paciente, siempre agradecida, venía desde el extrarradio rural a la consulta. Hicimos su seguimiento, teniendo claro la necesidad de planificación prequirúrgica y controles periódicos. Quedaba pendiente una nueva agresión quirúrgica de neurocirugía que, bien organizada, se podría controlar.

La paciente se despidió de mí recientemente, mediante mensajería. Estaba siendo atendida por otra profesional. Ahí le dijeron que ya no trabajaba. Me dijo que le habría gustado despedirse, lo hizo por mensajería. Después de veinte años de haberle salvado la vida, según decía, como médico y como persona siempre me tendría presente. Me deseaba lo mejor y, respetuosamente, me comentaba que me quería.

Fue una gran emoción para mí.

Recordé muchos momentos, el agradecimiento y el querer de la paciente a la que había acompañado y tratado durante ese gran pedazo de su vida. Y de la mía.

25

La cronicidad compromete la vida

Enfermedad suboclusiva intestinal

En ocasiones las relaciones con los pacientes son extenuantes. ¡Y lo son! Pero no por los propios pacientes, —que con los tratamientos pautados esperan mejorar su calidad de vida—, sino por las propias características de la enfermedad.

Recuerdo un caso de una paciente que había tenido un problema posquirúrgico. Se había ocasionado una alteración en el funcionalismo intestinal alternando un estreñimiento pertinaz grave y diarreas severas. Esto se acompañaba de un trastorno nutricional y otros déficits nutricionales. La paciente había conseguido estabilizar su patología. En un acto de balance clínico, su vida oscilaba entre la urgencia, metida entre sondas nasogástricas de aspiración y los enemas evacuantes.

Era de una familia de clase media. Habían conseguido sobrellevar la enfermedad y sus vidas. El marido padecía un problema coronario del que fue intervenido. Ella con su patología crónica intestinal tan invalidante que parecía extraño —aunque no infrecuente— que la seguridad social estuviera en esa calma vergonzante de no concederle la invalidez para el trabajo habitual, dado los niveles de recursos y de autocuidado que requería para sobrevivir.

Las relaciones entre gravedad de la enfermedad y la economía, muchas veces son inversas y la gente con menos recursos sufren presiones de salud difíciles de asumir, eso teniendo en cuenta que en nuestro país tenemos una cobertura universal, porque en otros, podría ser la ruina y desolación.

Así es como la severidad progresiva de la enfermedad, determino que ellos con limitados recursos, se les ocurriera tener un detalle con su médico que tantas veces, por la gravedad del proceso, se había convertido en prioridad. Sucedió que trajeron sus mejores viandas, algo fuera de presupuesto para a una familia modesta y, a partir de ahí, hubo un punto de no retorno, donde se alternaban la necesidad de no demoras cuando llegaban a la consulta, con el esfuerzo realizado, con la necesidad de agradecimiento, no siempre bien entendido, que ejercía una presión sobre el profesional que podía ser insufrible y al mismo tiempo conmovedor.

Sin embargo, el tiempo fue pasando y tras diferentes alternativas terapéuticas, la paciente se estabilizó, dentro del grave trastorno que presentaba. Se utilizaron todos los recursos, con nuevos especialistas que trataban de ayudarle a llevar la terrible enfermedad y, al mismo tiempo, sobrellevar su carga,

Informes y juicios, nuevas batallas luchando en vano contra la estructura impertérrita del sistema. Un sistema incapaz de mirarse a sí mismo. Que confunde la enfermedad, con la indecencia del mentiroso. Una broma de mal gusto, sin fisuras. Quita la esperanza. Con un mensaje inequívoco: o tiempo de invalidez o tiempo para trabajar y recaudar lo que haya que recaudar. Sin contemplaciones. Sin asumir la complejidad del que necesita tanto cuidado para sí mismo que no tiene tiempo para el trabajo, sólo para la supervivencia.

Ese tiempo corre unas veces en contra, otras a favor, estabilizando las patologías. Es la adaptación funcional, suele requerir un periodo prolongado. Sin fechas. Tal vez un par de años. El intestino es un órgano multitarea que tiene una respuesta adaptativa admirable. Pasa de no absorber, a absorber al final; de no nutrir, vuelve a activar sus mitocondrias y se convierte en una máquina de producción de electrolitos, minerales, agua, nutrientes, alimentando a la microbiota. Evita la desnutrición y facilita la actividad del sistema inmune.

En primer y último lugar de este órgano depende que podamos pasar del ayuno a la ingesta. El eje intestino-cerebro es un sistema basado en la ingestión alimentaria con sus neurotransmisores tan sofisticado que, probablemente, sea el centro de este complejo proceso evolutivo que hemos desarrollado para sobrevivir como especie.

La paciente sobrevivió y yo, circunstancias de la vida, acabé de forma involuntaria mi acompañamiento terapéutico vital.

26

Cuando no existe futuro

Y la única ayuda es 'ayudar a morir'

Al comenzar el camino de la Medicina existe una visión posibilista donde todo tiene solución. La mayoría de las veces con nuestra voluntad, la ciencia y una cierta actitud por parte del paciente, las cosas se resuelven. Las enfermedades son atrapadas tras la barrera de la ciencia, evitando su ataque dañino.

Sin embargo, el paso del tiempo va poniendo el conocimiento en su lugar, con sus limitaciones globales. Parece que pulsando un botón se llega a conocer hasta donde el rigor de la ciencia ha avanzado. Se aprende y se progresa. Se sanan problemas que parecían incurables. Y seguimos intentando navegar en la turbulencia de la enfermedad. Incluso en la más terrible de las experiencias, los tejidos mutan y expresan genes de los que no tenemos conocimientos ni armas para combatirlos. Da la impresión de que nuestros ecosistemas esconden infinidad de secretos e ir descifrándolos es nuestra obligación, no palabrería, para salvar vidas o cronificar la enfermedad.

Cuando todavía era una MIR joven, rotando por un servicio dependiente de Medicina Interna, conocí a Miguel. Su mujer era una trabajadora de la casa, limpiadora, joven, con tres hijos. Ingresó para estudio de sangrado por vía respiratoria. Sus antecedentes eran pésimos. Tenía los denominados hábitos tóxicos por consumo de alcohol, en un paciente de profesión albañil, rallando con el alcoholismo.

Una vez descartada la tuberculosis, la lucha de los profesionales se centró en cómo ayudarle a llevar esa carga e intentar eliminarla. Venían de una familia en la cual el padre y algunos de los hermanos presentaban el mismo comportamiento tóxico familiar.

Hay estudios que sugieren que no sólo es la epigenética social sino ciertas disfunciones de alguno de los neurotransmisores cerebrales, que podrían facilitar la agregación familiar, e incluso ser marcadores para su detección o riesgo.

Se pusieron en marcha los mecanismos de apoyo familiar y social. Tras el análisis de su relación con el alcohol se vio la necesidad de proteger a la familia de sus comportamientos, cuando estaba bajo los efectos del alcohol. Esa droga dura, tan tolerada en nuestra cultura hace estragos. Se recurrió a una trabajadora social, se le conectó con Alcohólicos Anónimos. Y en mi caso, recuerdo que me convertí en un taladro adolescente. Cada día iba a hacer mi sacerdocio con el paciente que, además, era de buen trato. Tanto él como su mujer eran buena gente. Estábamos deseando encontrar una solución para su grave problema. Su funcionalismo hepático fracasaba por la hepatopatía tóxica[21]. La solución, el camino dependía del paciente y de su voluntad de dejar el dañino hábito que le había llevado a la cirrosis.

El paciente fue dado de alta tras su estabilización. Se normalizó su estado nutricional y metabólico. Se fue con la promesa latente de tomar medidas respecto a su problema con el alcohol. Se sentía en el ambiente muy buenas impresiones, con la sensación de quien ha puesto a raya a la muerte. Yo creía que había hecho bien mi trabajo.

Sin embargo, la realidad es mucho más enrevesada. Al poco tiempo, volvió al hospital con un cuadro de dolor abdominal. En este caso un abdomen agudo motivado por una inflamación de la vesícula biliar. Su estado general se había deteriorado. Los signos de su hepatopatía empeorado. El paciente había seguido con su hábito toxico y ni su juventud, con menos de cuarenta, había podido detener el destrozo de tantos años de consumo intenso de alcohol.

La solución era quirúrgica. Pero la descompensación hepática era tan grave y severa que los riesgos de que no saliera de la

[21] Hepatopatía tóxica: afectación hepática secundaria a consumo de tóxicos o por fármacos, como factores más frecuentes.

intervención, llevó a los cirujanos a medir la decisión. Hicieron una observación activa, exhaustiva, para ver si se podía optar por la vía quirúrgica. No era el día de Miguel. Su cuerpo no respondía a los cuidados médicos, había traspasado una línea en la cual los mecanismos de la muerte celular programada, la apoptosis, se habían puesto en marcha. La irreversibilidad se cernía sobre la evolución del paciente, hacia un desenlace fatal.

Se planteó a la familia la situación. Por un lado la cirugía, con altísimo riesgo de quedarse en las fases de preparación de la anestesia, dadas las severas alteraciones hepáticas que presentaba. Por otro, quitarle el dolor, ayudarle en la transición y reevaluar la irreversibilidad clínica. Su mujer, llena de dolor, opto por la segunda opción: ayudarle en la transición, dado el grave deterioro que presentaba, más allá de ser el padre de sus hijos y del sufrimiento que su toxicomanía les había causado.

El equilibrio entre la vida y la muerte es sutil. Sólo queda sitio para aceptar o negarse a ello. Los deseos no significan realidades, aunque haya que luchar por ellos. La maquinaria de la célula es tan compleja que los desvíos permanentes se graban en su memoria celular y no hay retorno. Cuando aparece la enfermedad, puedes vivir o morir más allá de la ciencia.

Así aprendí a reconocer las limitaciones que ocasiona la enfermedad y las propias de la Ciencia.

27

Cuando existe un final

Hace treinta años, en el siglo XX, las innovaciones tecnológicas en el mundo de la nutrición enteral comenzaron a progresar notablemente. Era posible realizar varios tipos de tratamientos simultáneos en pacientes utilizando diferentes tipos de sondas. Éstas permitían nutrir y aspirar las secreciones digestivas. Esto facilitaba compensar a pacientes críticos, sacarlos de la descompensación aguda y llevarlos hacia la normalidad relativa que ellos mismos podían tolerar.

Así, teníamos una paciente cuyo protocolo de urgencia habíamos llegado a interiorizar los adjuntos del servicio, debido al grave problema de parálisis gástrica que presentaba, dentro de una diabetes de largo tiempo de evolución.

La paciente ingresaba una y otra vez con una clínica de vómitos alimenticios intensos, de varios días previos. Sólo con reposo digestivo, fluidoterapia y nutrición intravenosa, junto con medicación, conseguíamos que dejara de vomitar. Aunque los ingresos se acompañaban de descompensaciones hiperglucémicas, que suelen aparecer asociadas a alteraciones metabólicas acidóticas, pronto nos dimos cuenta que los vómitos de esta paciente, por sus características, parecían deberse a un problema motriz gástrico, complicación conocida de la enfermedad. El descubrimiento de estas sondas de doble vía multifunciones, nos permitió ir controlando una situación clínica de difícil tratamiento.

La paciente había debutado con una diabetes insulinodependiente a la edad de 16 años y a los 42 años desarrolló múltiples complicaciones de los pequeños vasos. Hubo que hacerle una fotocoagulación de ambos ojos por una retinopatía, posteriormente desarrollo una afectación renal por su diabetes.

Fue evolucionando en el tiempo, con intolerancia progresiva a la vía oral, ingresos múltiples en descompensación hiperglucémica y disminución ponderal. Se le realizó una vez estabilizada una colocación de una sonda a yeyuno vía gástrica, si bien la paciente presento una perforación yeyunal que obligo a una yeyunostomía[22] quirúrgica, con nutrición cíclica nocturna[22]. Con este tratamiento la paciente mejoro nutricionalmente y también del control de la diabetes.

Sin embargo, con el tiempo, fue empeorando su estado general, dado el grave estadio de paresia que presentaba, con fallo gástrico, síntomas refractarios al tratamiento, estado nutricional inadecuado, y hospitalizaciones frecuentes para tratamiento y suplementación con nutrición enteral o parenteral.

A la paciente se le ofreció la posibilidad de trasplante pancreático y renal porque así se podría mejorar la sintomatología motriz de la gastroparesia. La paciente aceptó.

Sin embargo, el tiempo iba pasando y los ingresos eran cada vez más habituales. En uno de ellos presento un cuadro infeccioso generalizado y la paciente no pudo sobrellevarlo.

Tantos años de lucha, de resilencia, de tratamientos, ingresos, al final, el camino es complejo y sin luz. Más allá de los quereres y de los procedimientos, puede ser la severidad de la agresión de tal intensidad, que no hay vuelta atrás.

[22] Yeyunostomía: colocación de una sonda en el intestino delgado, atraves del estómago, vía gástrica, o bien directamente en el intestino mediante cirugía.

28

Decoro o alegría de la huerta

Siempre me ha costado aceptar las normas. Podríamos decir que he sido '*anti-rules*' toda mi vida. En la vestimenta no iba a ser menos.

Cuando entré de residente, época de la 'moda boho', hippy auténtica, nadie se asombraba de que llevásemos faldas largas hasta los tobillos. Sin embargo, no parecía lo más apropiado cuando rotabas en entornos como la UCI. El tiempo nos fue poniendo en nuestro sitio a cada uno.

Leo en algunos corchos de diferentes facultades, recomendaciones del tipo, 'sea discreta en cuanto a las joyas que lleve, que no sean exuberantes o llamativas, recuerde que va a trabajar con las manos. Tampoco le recomendamos que el cierre de los equipos esté a tensión'. Y así diferentes consideraciones que más bien parecían de perogrullo, por su lógica y simplicidad.

Sin embargo, cuando aparecen los primeros conflictos y éstos te pasan a ti, el tema ya no es tan divertido.

Cuando llegué a otra comunidad, como adjunto del servicio, me asignaron a un grupo de médicos residentes para que rotaran conmigo. ¡Estupendo, viva la diversificación del trabajo! El conflicto apareció cuando yo, que era una treintona nada recatada, me encontré con unas residentes de la zona marítima, con unos pendientes de palmo y unas batas que apenas cubrían las faldas cortas que llevaban. Exuberancia y juventud. ¡Viva la vida! La enfermedad es otra cosa que no tiene que ver con nosotras, parecían decir sus mensajes exultantes y sus ropas.

Debido a la necesidad de explorar a los pacientes, con insuficiencia cardiaca o respiratoria, les recomendé que intentaran usar durante su estancia en la clínica y en las guardias, pendientes de pequeño tamaño que no les obligase a estar quitándoselos, para evitar que el tintineo de su longitud interfiriese con la exploración. Este hecho y otros, fueron motivo de motín entre las residentes que lo vieron como una limitación a la libertad de expresión. Luego, poco a poco, sin ningún tinte moral, se fue imponiendo el sentido común. Ellas mismas dejaron de boicotear las recomendaciones. Hicieron una reflexión más profunda sobre cómo debemos mostrarnos los profesionales con salud ante los enfermos sin salud y, en particular, la necesidad de un comportamiento asexuado, en la evaluación clínica.

Estas tendencias estéticas pueden ser cuestionables cuando no estás en una situación crítica. Recuerdo un paciente, hace más de treinta años, al despertarse de una situación clínica comprometida le preguntó a la residente, portadora de una estética gótica con cabellos entre lila y negro, piel blanqueada con polvo de arroz y uñas con similares tendencias, si estaba en el cielo o en el infierno. Fue el último día de su convivencia con aquella estética extrema, porque el jefe de servicio le comentó que evitara, en un acto de supremacía, tal confusión de mundos entre los pacientes.

Creo que no estamos hablando de moralidad, sino de sentido común. Hace casi cuarenta años, yo no podía soportar a una afamada maxilofacial que hiciera frio o calor pasaba visita hospitalaria con tres toneladas de pulseras de oro y piedras preciosas y unas uñas que ni las cajeras podrían utilizar para sus cuentas. No podía evitar un cierto desprecio por una estética tan extrema, aun sabiendo su conocida reputación. No fue un momento, fue una época viéndola casi a diario con similar acompañamiento.

Hay gente que nace Hepburn, se desplazan por el hospital como si estuvieran en una pasarela con los cancanes de las faldas y el cinturón ceñido, años cincuenta. Esto un día y otro hasta que cambian, diez años más tarde, mientras todos nos hemos dado cuenta de su ñoñería y débil empatía relacional, ya que se quieren profesionales y no maniquíes del siglo XX.

En este sentido, mi último ramalazo sobre lo antiestético y amoral, ha sido en mi centro de salud. Al ir a vacunarme veo, a una enfermera ya conocida por sus tendencias, por los menos en los últimos treinta años, acercándose para ponerme la vacunación mientras las tres vueltas de las perlas de medio cm se enroscaban en un abultado nudo a la altura del epigastrio[23] y se bamboleaban, en consonancia con las numerosas perlas de la muñeca.

Como se puede mostrar uno exultante de belleza, de riqueza, con una estética barroca en la que no se tiene en cuenta la fragilidad del paciente, mientras la vida nos sonríe alrededor, como auténticos triunfadores. Cuando te vuelves frágil, estos detalles parecen insultos del sistema, aunque a ella probablemente no se lo han dicho durante tantos años y ha pospuesto reflexionar.

Las normas están para quien tiene dudas sobre qué es lo correcto, no obstante hay gente a la que deberían decirle que son inmorales con su exaltación del triunfo, de la belleza y de la salud personal.

[23] Epigastrio, zona en la que está situado el estómago

29

Las vanguardias

La lucha sin cuartel entre Atención primaria y Atención especializada.

La colaboración entre niveles asistenciales siempre ha sido conflictiva, dificultosa. La dotación económica del Salud a los hospitales ha generado agravios comparativos. A esto se han de añadir opiniones sobre la independencia de los profesionales respecto de la industria farmacéutica. Las compañías han promovido su modelo de formación, ante la impasible indiferencia ejercida por el sistema público. Es bien conocido cómo se ha autorizado la asistencia a eventos a costa que paguen las compañías. A eso hay que darle una vuelta. Podríamos hacer otras cosas o de otra manera.

De hecho, la interacción y relación entre Atención primaria y Atención especializada contó con algunos programas de mejora en nuestra especialidad. Consistía en ir a última hora de la jornada matutina a los centros de salud para comentar casos clínicos. No funcionó. A veces ni los casos estaban preparados. También sucedía que ni a los profesionales, bajo la dirección del coordinador, 'des-citaban' a los pacientes para llegar a la hora. Porque, eso sí, lo de cambiar citas, aun por razones de fuerza mayor es lo peor que se podía hacer, salvo que fueses el arma ejecutora. Esto no era igual en todas partes.

El modelo asistencial de la comunidad vecina, en Cataluña, estaba en la vanguardia de la asistencia de Atención primaria. En su sistema iban, de forma rotatoria a los centros de salud, toda una mañana, los especialistas que trabajaban en el hospital o en las consultas. Aquello fue un intento de encontrar un modelo más autónomo e independiente, con corresponsabilidades clínicas entre niveles y, al mismo tiempo, una medida para 'de-saturar' la atención especializada.

El inicio de los Programas de Mejora del Salud mediante convocatorias anuales fue una innovación útil. Los nuestros comenzaron con los que estaban basados en la teleasistencia, con consultas de urgencia vía telefónica. Eran a cualquier hora de la mañana, mediante llamada al hospital. Esto permitió durante unos años, en nuestra sección y sector, aumentar la relación clínica entre primaria y especializada. Era posible poner tratamientos, matizar las urgencias y mejorar el apoyo que el médico de atención primaria recibía, por nuestra parte, desde la especializada.

Sin embargo, también hubo tensiones. No fue una vez o dos. Los profesionales de atención primaria tendían a estar más radicalizados en relación con la industria farmacéutica, —que ejerce su presión de forma más o menos sutil, a través de programas de formación que tu no podrías hacer. Se mostraban independientes. En cierta medida, era un afán por encontrar una independencia que ni era ni es real. En este país nadie puede ir a un congreso médico fuera de su comunidad y pagar la inscripción, la estancia, etc. sin apoyo de la industria farmacéutica, porque no llegarías a fin de mes.

Entre las tensiones también estaban los horarios. En atención primaria eran estrictos a la hora de hacer actividades conjuntas. Hubo más de una vez que por quince minutos de retraso decidían que se suspendía la sesión conjunta, en el centro de salud. El horario es el horario. Daba igual cual fuese el motivo. Si no habías podido aparcar o había surgido un imprevisto, fuese lo que fuese, te decían que habían suspendido la docencia a la que ibas expresamente.

Otro ejemplo, hace unos diez años, implementamos un programa de Mejora del Salud sobre cribado nutricional multidisciplinar. Se desarrollaba a partir de las dos de la tarde, impartiéndose con aportaciones voluntarias de varios profesionales. Tuvo muy buena aceptación por parte de Atención primaria. Íbamos a los centros de salud, con el esfuerzo que suponía. En ese contexto, el responsable de nuestra sección en el hospital, Medicina Interna, mientras bajaba por las escaleras, a las 13.45 horas, me dijo:

—¿No se te ocurrirá poner croquetas para picar?

Le daba igual la hora, los 90 minutos de duración del programa, ni si luego había que escuchar los comentarios posteriores. Daba lo mismo si los profesionales del centro de salud, médicos y enfermeras, estaban motivados con el tema del cribado nutricional en el sector,

—Resulta poco serio si pones al final algo para comer.

A él le daba igual si te desvanecías en la hipoglucemia del voluntariado a las tres de la tarde. Pero eran tiempos en los que nos creíamos que se podía cambiar la realidad del modelo de gestión y de aprendizaje. Hacíamos formación voluntaria a nuestra manera.

Luego llegó la pandemia. Con el COVID experimentamos la superación de un modelo tecnológico primitivo. Nos permitió implantar las teleconsultas entre niveles asistenciales. Fue una parte del trabajo a imaginar e implementar. Fueron soluciones improvisadas, como una forma de citación, de resolución, de consulta o de justificación del trabajo, hasta estructurar la necesidad de unos tiempos para su realización. Había que pensar bien las cosas porque el sistema del Salud tiende a que todo lo hagas gratis y sin tiempo asignado, sin darte las gracias ni pensando en las necesidades del servicio.

Los nuevos modelos híbridos —al mismo tiempo, incompletos— de teleasistencia, evolucionados con el impulso tecnológico de estos últimos tiempos, sirven como canal de comunicación entre profesionales. Es otra forma de ejercer la medicina. Y también una manera de responder a la presión de una demanda, que no tiene como contraparte los recursos humanos suficientes. Sin embargo, queda mucho por hacer para mejorar la atención clínica de forma más eficiente en lo asistencial, pensando en los pacientes.

Dentro de los estudios de fármaco-economía es bien conocido, la baratura del brillante sistema de salud español —paga poco a los recursos humanos—. Se presume mucho de los logros. No se da las gracias ni se pregunta por la salud de la persona. Si no la tienes es cosa tuya. Y los gestores son puros políticos sin corazón y, a veces, sin conocimientos.

Se necesita un cambio radical

30

Uno de los mejores sistemas de salud del mundo

Los y las sacerdotisas de la clase media frente a las lumbreras de las últimas generaciones

Los tiempos han cambiado, aunque el carro de la fortuna ha sido lento. Ha ido a diferentes velocidades según las autonomías. Mientras en algunas en las que trabajé, los profesionales no estaban estresados porque cada dos años había convocatoria de plazas y, con relativa facilidad, accedían a la estabilidad laboral, el resto de la España no trasferida era un páramo. Ahí no se convocaron plazas durante lustros. Las y los profesionales, como humanos, batallaban por no perder los recuerdos de antiguas convivencias, que se desvanecían con los años de separación. Así lo vi y lo viví en múltiples ocasiones.

En la estructura sanitaria no transferida pesan los dolores de los múltiples profesionales, en particular las mujeres, que dejaron de coger las plazas porque los destinos sobrepasaban las posibilidades de mantener su entorno familiar. Muchas renunciaron de forma dolorosa a la especialización primero y después a la estabilidad. Optaron por la prioridad familiar. Fueron aquellos tiempos de juventud denostada y, ahora, en un acto de realismo no mágico, como una elección personal y profesional acertada.

El gran número de profesionales que se formaron en los años ochenta produjo muchas paradojas. Para algunos fue un derroche de recursos. Se lanzaron al 'mercado' muchos titulados. Eran parados altamente cualificados. Pero el sistema no podía permitirse tal derroche de recursos. O incluso peor, vivimos la desazón de ver como los hijos que no devoraba nuestro sistema, los acogían adoptados y con amor, los pueblos foráneos cercanos tras tantos y largos años de formación. Parir hijos, devorarlos y matarlos o dejarlos ir para la mejora asistencial en los países vecinos, muestra nuestra desafección consolidada y amoral.

De la convicción del sacerdocio, pasando por la marca España, vía MIR, a las discusiones sobre si algunos 'mires' se consideraban técnicos, en cuanto a reposición de partes fragmentadas, y la otra parte, la de la moralina. Esta dependía de los servicios médicos no quirúrgicos. Hoy, con la pre-habilitación —preparación multidisciplinar del paciente para la cirugía—, tenemos una visión más holística de las personas o de cómo mejorar el coste de los recursos y la supervivencia.

Las diferentes formas de estar en el sistema han dado lugar a una forma de relación laboral, en la cual puedes implicarte según salga de tu voluntad. Puede ser bastante, mucho o nada. Toca también respetar que existe mucho personal, con derecho a ser funcionario de 8 a 15 horas. El problema es que los premios y el sueldo son iguales ante 'San Salud'. La desafección generada sobre la mejora del sistema se debe a años de contratos basura, mensuales, por días, por semanas, durante décadas. Así, al final se le ha perdido el miedo a que la 'madrastrona' te muerda la mano. La Administración Sanitaria hace, con o sin tu dedicación y esfuerzo, lo que le da la gana. Sólo queda la conciencia de cada uno, la empatía y los pacientes: Lo demás es una nebulosa administrativa y poco trasparente de gestiones y gestores.

La horizontalidad de los nuevos médicos de clases medias ha hecho que las relaciones sean distintas. Ahora están mediadas por las empatías. Se aparta la crítica constructiva. Prima el estilo 'estoy en el lugar adecuado, aunque no tenga ningún proyecto'. Eso sirve para casi todo y me hace '*cool*'. Hoy ser '*cool*' es tan importante como ser joven. Esto es así en un sistema sanitario que solo premia la batalla del día a día, donde el interés por el paciente es relativo. Basta con ver la infraestructura de Atención primaria, a demanda.

O en patologías como las oncológicas, claramente deficitaria en la atención básica. Pero también falta la incorporación de estrategias de salud como la dietética, la fisioterapia masiva y otras especialidades en un sistema de salud, supuestamente evolucionado como el nuestro.

La incentivación del profesional no solo es económica. También cuenta el reconocimiento, según la implicación, de los numerosos miembros del sistema. Es crucial mantener sistemas de comunicación con las unidades no basadas en la verticalidad, sino en la horizontalidad. Esto son mejoras a valorar. Otras evaluaciones sobre la universalidad, la teleasistencia, saber las interioridades de las unidades, defender las necesidades del entorno de gestión, forman parte de las responsabilidades a compartir con los profesionales de cada área.

Nuevos gestores, más preparados, con una visión clínica y de apoyo a los profesionales, son necesarios para hacer un gran cambio.

Epílogo

La vida es una mirada rápida que apenas se pierde en los recovecos del camino dando la magnitud de la brevedad como especie. No obstante, un segundo de cualquier vida nos permite ser geniales, descubrir una verdad oculta o proyectarnos en nuestro querer.

Así aprendí que lo más importante en todos los quehaceres era la empatía, conectar con el otro, estar a disposición con todo tu conocimiento para reparar un mal imprevisto, una torcedura de la mitocondria, o una enfermedad emergente.

Sin embargo, los desarrollos de la vida tienen lugares históricos en los cuales engancharse, poner las coordenadas humanas y locales del hecho y, así es como las circunstancias sociales que nos tocó vivir en el siglo pasado modularon nuestros comportamientos en el siglo presente, generando una diferencia generacional y una divergencia. El ánimo por el cambio fue la base de la convivencia cotidiana, para muchos de mis coetáneos.

También soportar las diferencias relacionadas con las costumbres, muchas veces bárbaras de los pueblos que nos visitan, tales como las mutilaciones de las mujeres jóvenes que traían hijos uno tras otro a este mundo, sin consentimiento ni amor solo por el derecho del marido a la prole, como bien social, de forma similar al mito del medio rural en nuestro país, es difícil.

Los mismos errores en todo el espectro político, y en una sociedad politizada la española del siglo XX, sobre la legitimidad del cambio social por la fuerza, por las armas. Al mirar hacia atrás, los intentos violentos de cambio suenan como las pataletas y la desazón del querer y no poder. Mucho ruido, mucho coste humano y poca eficiencia práctica, en un mundo como el nuestro globalizado. Eran tiempos en los que no solo era la ciencia, la reina del conocimiento, sino el compromiso social, el sacerdocio de la profesión, la marca España, todo en una realidad cambiante, con retazos de humo de las flores de los setenta, del poliamor, de las prácticas académicas en la Facultad vieja de Medicina, autopsias a las cuatro de la tarde: la encontramos en el pozo San Lázaro, anciana de.... Abandono de la carne mortal en la cocina, donde las células se apreciaban a simple vista, más allá del aderezo y las patatas fritas.

El desarrollo de la medicina de urgencias en el siglo XX, junto con la la incorporación progresiva de profesionales de la marca España (MIR), ha supuesto un gran cambio para el sistema, con mejoras relacionadas más con la cualificación de los recursos humanos que con la programación académica y económica de los políticos y de la política sanitaria.

El avance de las patologías relacionadas con la enfermedad mental, las autoagresiones a temprana edad, el suicidio, la presión de los likes y de las redes sociales, la comercialización de los sentimientos y la aceptación han aumentado la vulnerabilidad de los menores, candidatos perfectos a ser devorados en redes.

Sin embargo, el consumo de drogas era más clásico en el siglo XX, donde la industria química y las mafias no habían desarrollado tantas oportunidades de mercado, como en el siglo actual. Por ello, en una sociedad en la que no hay acceso ilimitado a las armas, verlas en las urgencias es cada vez más frecuente en las cosmópolis de nuestro país, con el cambio de siglo.

Las experiencias relacionadas con el conocimiento son complejas, en ocasiones las referencias son más bien agrias, o así las percibes, bien por la deficiencia del conocimiento metodológico o por la incompatibilidad de caracteres con el que te enseña, actualmente menos piramidal y jerarquizado, probablemente.

No obstante, los trastornos del comportamiento alimentario, cada vez más conocidos, de aparición incluso en la infancia, también en los chicos, ya emergían como amenazas en el siglo XX, con la intensificación actual en redes y estudios de mercados dirigidos a los niños, KIDS, como consumidores. Las fotografías de los alimentos puede favorecer la anorexia, en particular en las mujeres que muestran relaciones emocionales más complejas con la alimentación y su relación con el soporte emocional.

También las amenazas de agresión a los profesionales de la salud aparecen en los anales de la asistencia, si bien la violencia generada por la sociedad actual amplia los niveles de malestar, en los cuales la asistencia sanitaria es una faceta más donde expresar esa infelicidad.

Las exigencias que nuestra vulnerabilidad nos genera pueden ser de tal intensidad que, como seres humanos, no podamos soportarlas. Cuando las enfermedades son tan exigentes en los niveles de cuidado que casi te impiden tener una vida normalizada, puedes sentir una fractura en tu interior, una fragilidad enfermiza y dependiente, casi una sumisión a la necesidad de ayuda y de soporte. El tiempo se hace lento y la solución lejana. Aunque siempre surge la idea de la no implicación de la industria si no existe rentabilidad, la realidad puede ser más prosaica, no tenemos tal vez suficientes conocimientos para impedir que, curando ahora, desarrollemos un mal mayor con los años y la manipulación celular.

El acompañamiento terapéutico es una de las funciones principales dentro de la cronicidad. De gran valor y apreciado por los pacientes, una fuente de consuelo, que actualmente se está destruyendo por la fatiga del sistema, el alto índice de rotación de los profesionales que genera desafección ante el paciente crónico y la limitación de los recursos, al pensar que todas las enfermedades son agudas, hospitalarias y, sólo si el paciente se desestabiliza, se hace visible, mientas otros ojos y malestares esperan en la puerta de las consultas. Así el paciente oncológico y de otras patologías cronificadas, agonizan en su domicilio ante un sistema fracasado que no le recuerda, salvo descompensación.

Más allá de la constante precariedad del sistema, están las situaciones particulares y oscuras de pacientes con penas de cárcel y el no juzgarlos por adelantado, puede ser la clave terapéutica. Es difícil ignorar la oscuridad que percibimos alrededor y actuar con profesionalidad y empatía.

Las ideologías deberían ser un asunto privado en la práctica clínica y aunque mediatizan las políticas sanitarias, aceptamos el bien hacer individual incluso en el conservadurismo social más clásico y así es. La responsabilidad clínica es un acto de laicidad, mal que les pese a algunos.

Sin embargo, la convivencia terrenal con las forma extremas de las creencias generan roces, porque los intereses y las responsabilidades no son las mismas. Es posible que haya gente que promueve la convivencia más allá de la visión personal, mientras que en los sectores más rancios, por su habitual intolerancia a las nuevas corrientes, la progresía nunca ha sido bien vista.

Las relaciones con los pacientes varones casi siempre asexuadas, cuando eran atípicas, eran estaban basadas más en las dinámicas relacionadas con los abusos emocionales de gente que no entendía donde estaba su lugar, en todos los ámbitos, no importaba cuales fueran el lugar ni las circunstancias. La enfermedad puede generar dependencia emocional del profesional, dada la complejidad de las patologías y la necesaria educación terapéutica para la supervivencia, en particular en el campo de la sustitución hormonal, de las nuevas tecnologías y de la adherencia al tratamiento.

Separar la actividad profesional de la relación tóxica con un paciente es difícil. Todos formamos parte de un engranaje que ha de generar el máximo rendimiento posible, tanto para los pacientes como a los profesionales. Además, solo se establecen relaciones tóxicas cuando uno de los miembros cruza la barrera de confianza como ser humano y considera algún tipo de propiedad en esa interrelación, con un intento de sabotaje de los roles. Así es como se decide no ver nunca más a una persona que ha comerciado con el abuso.

A veces la epigenética o las mutaciones genéticas nos llevan a un callejón sin salida y, es posible, que algunas personas crean que es el mensajero el que tiene la culpa. En algunas ocasiones he sufrido los cambios relacionales motivados por el diagnóstico de graves enfermedades en las cuales el objetivo era acabar con el mensajero, junto con el rumor de equivocación, al no aceptar el proceso. Tu papel de mensajero está lleno de dolor.

Otras veces, las causas de la mala convivencia con la enfermedad están en las razones básicas de la vida, en particular la necesidad de protestar y expresar la diferencia según se pueda. No es comprensible una evolución tan tórpida de la enfermedad sin haber indagado, algo a veces agotador, en las motivaciones o circunstancias familiares y ambientales del que la sufre.

Las relaciones con los jefes han dependido fundamentalmente de las características de las personas y, en algunas ocasiones, el entorno personal que ha traspasado la barrera osmótica marital virtual invadiendo otras competencias. Sin embargo, hay diferentes tipos de profesionales que tratan de navegar en las aguas complejas de la asistencia a la salud. He conocido a los que cumplen el horario, con y sin privada, a los que al final les ha importado más los beneficios y el prestigio de la medicina privada que el desarrollo de los sistemas públicos de salud, sin más objetivo que el postureo y el prestigio personal. También a los que han impulsado mejoras continuadas en los servicios y que han generado reconocimiento, entre sus adjuntos. Entre la jauría que somos los humanos, los hay de todo tipo, una mezcla entre la genética y la epigenética, nos hace únicos e imprevisibles.

Las relaciones con el equipo de administración de nuestro sistema público de salud bordean y están en los límites de la amoralidad. Toda esta relación y otras formas inconfesables de dejación de funciones y de apoyo e interés por el profesional, incluida su salud, ha convertido a los nuevos profesionales formados en funcionarios con horarios al minuto, y difícil flexibilidad horaria, dada la falta de atención personalizada de la administración, una atentica madrastra.

Es tanta la falta de interés de los gestores por los profesionales que son capaces, en unos tiempos informatizados, de no mandar ni un email a un profesional después de más de cuarenta años de ejercicio, de promocionar a tu hospital y ponerlo en existir en la comunidad y en actividades formativas y programas de mejora, es imposible querer a un familiar así, porque está podrido.

No lo hicimos para que nos lo agradecieran pero si deberían dejar fuera a aquellos políticos apátridas, sin emociones, sin conocimientos, que nos gestionan y establecer formas no de control sino de gestión, más eficientes, justas y humanizadas. Un mensaje escueto en tu móvil te recuerda tu cambio de situación laboral, sientes una gran vergüenza por este sistema inhumano de relación que todos hemos soportado, sin cambiarlo.

Las debilidades del sistema, de la sección, se pueden comentar, no en las estructuras verticales en las que se delega en el coordinador, sino en las reuniones con sus miembros, aunque algunos tienen tan claro el fluir unidireccional que te recuerdan que solo lucharon por su hueco, como la vida familiar les enseñó. Afectan a los pacientes que confunden la demora generada por el sistema con la dejación de funciones del profesional, que tiene todo el tiempo ocupado y citado, con el mantra, si quieres ver más pacientes te los añades, que es tu problema. El paciente, en su lectura, si usted no me quiere ver, que interés puedo yo tener por cuidarme, si ni mi médico lo tiene. Son formas emocionales dependientes, relacionadas con la fragilidad y vulnerabilidad, que no debieran producirse y, de esa manera, se alimenta a la medicina privada.

También los profesionales sufrimos la presión de nuestros amigos y conocidos, en el ejercicio profesional, donde digo dije, todo está negociado desde las zonas de mayor oscuridad y manejo del profesional que, amable, sigue las directrices organizativas del sistema, de forma cómoda y leal, políticamente correcto y entonces es cuando ves la disociación entre lo organizativo y lo científico. Tener amigos y ser objetivo, a veces es un peso, que tendrá lastre en el futuro, llevándole a uno por el camino de la sumisión y el ser jauto en la vida.

Por otra parte, las mujeres en puesto de gestión hemos seguido modelos similares a los de los varones. La falta de transparencia y la ausencia de quereres son la clave de la gestión actual, ambos males a erradicar con los nuevos modelos. Para la gestión hay que tener ciertas cualidades. El conocimiento es un arma de poder, pero no es la única que interesa y que hay que tener. Cuando no sabes reconocer lo que otros hacen, hay que replantearse que les ofreces tú con tu gestión.

Los problemas de salud de los profesionales emergen durante el trabajo, en particular los trastornos del comportamiento alimentario, la vigorexia, la obesofobia, la sobredosificación por fármacos, la confusión sobre el uso personal que no profesional de los teléfonos inteligentes en la consulta, el alcoholismo, la dificultad de conllevar una diabetes con multidosis de insulina, sensores e infusores subcutáneos. Es la vida misma la que abre sus ojos ante nosotros, para recordarnos la vulnerabilidad del paciente y la nuestra también.

A veces en esta maestría te vas a casa con la sensación de haber estado en el momento oportuno. Arrebatar a la muerte una vida, es motivo de satisfacción, que sirve para compensar los múltiples sinsabores que produce la enfermedad en los seres humanos.

El conflicto sobre la dedicación exclusiva al sistema público de salud versus la práctica de medicina pública y privada, ocasiono una gran discusión dentro de los gestores de la marca España (MIR). Sin embargo, el sistema público, escaso de ideas, con todo un ejército de adjuntos jóvenes que querían dedicarse en cuerpo y alma al sector público, estuvo divagando por la presión de la medicina privada sobre los incentivos por la dedicación exclusiva. Este hecho ocasiono agravios comparativos y llevo a la tolerancia sobre el cumplimiento horario, con grandes deficiencias de cumplimiento en los sectores relacionados con la atención periquirúrgica, que solían comenzar sus jornadas laborales a muy primera hora de la tarde, escatimando minutos al sector público y con dedicación vespertina, al sector privado. Se perdió una oportunidad en un momento, que por lo exiguo de los salarios, quedó desdibujado con los años en el sector público.

Todo ello ha llevado a que las reivindicaciones de los diferentes sectores sanitarios hayan discurrido por diferentes caminos, con un mayor y envidiable asociacionismo entre las enfermeras y un ambiente menos colectivo de minoría privilegiada, entre los médicos. Sin embargo, son las clases medias de los facultativos quienes están sacando adelante la sanidad pública, tal vez no con el fervor de los ochenta pero si con la determinación de necesitar un trabajo que además sea satisfactorio y enriquecedor. Ahora, los mejores MIR optan en los primeros puestos por especialidades con un impresionante olor a medicina privada, signo del cambio de los tiempos.

Las distancias siempre han estado presentes entre estamentos sanitarios, dada la polivalencia de la enfermería. No obstante, hay situaciones en las cuales la colaboración multidisciplinar es un ejemplo de constancia y de empatía. Así en los servicios quirúrgicos, en los cuales otros profesionales aprendimos la paciencia que hay que tener en el camino hacia la supervivencia. Esto no es posible, dada la complejidad de la enfermedad, sin colaborar entre nosotros.

Por otra parte, siempre las relaciones con los gestores del hospital han sido difíciles, dado que tienden a producirse desde una visión central, sin connotaciones más personales. En general, cuanto más conservadores menos contactos con el profesional, y menos interés por las necesidades en recursos humanos.

Siempre pensaba, como autoprotección, estos políticos pasaran, iban y venían, ellos hacían meritocracia para irse a mejores zonas de gestión. Yo soy un clínico que atiendo a los pacientes y estoy en este hospital y tú, eres un político que te irás. Los burócratas del sistema han corrompido las relaciones entre compañeros, porque no están especializados en una gestión humanizada. Esa dejación de funciones y deshumanización en la que se mueve la administración, es el mayor proceso de degeneración conocido en el sector público, madre de las indiferencias y generador del caos emocional y del desapego con el que se funciona.

En ocasiones los pacientes luchan con la indicación de la cirugía bariátrica[1], dado el fracaso del tratamiento médico de su obesidad. Atribuyen a este diagnóstico y el grado de obesidad, la causa de todos sus males. Su búsqueda de un causante de su malestar, terminó con nuestra mutua confianza médico-paciente. Hay veces que al paciente hay que pedirle responsabilidad sobre el uso de los recursos.

Si con algún tipo de pacientes hay que buscar la verdad oculta tras los registros de glucemia, eso son los diabéticos con trastornos de los patrones de comportamiento alimentario. Todo es una mentira o un espejismo de la realidad. Con el tiempo, le hicieron el doble trasplante pancreático y renal y la paciente lo tolero. Su cambio de vida la había convertido en una emprendedora, para la que se habían utilizado todos los recursos del sistema en darle esa segunda oportunidad.

Hay enfermedades graves e infrecuentes, que pueden poner en marcha mecanismos de autoagresión en el cuerpo, generando problemas de gran severidad. De hecho, aunque grave, la evolución consiguió ser satisfactoria durante el seguimiento. La paciente se despidió de mi recientemente, siempre me tendría presente. Fue una gran emoción para mí recordar, el agradecimiento y el querer de la paciente, a la que había acompañado y tratado durante gran parte de su vida.

Hay veces que las relaciones con los pacientes pueden ser extenuantes y lo son, por las propias características de la enfermedad. En algunos casos, el tiempo va pasando y se estabiliza el proceso dentro de su severidad. Nuevas batallas con los procesos de incapacidad tan escuetos e injustos en algunos casos. Por ello, aunque el tiempo corre en nuestra contra, a veces lo hace a favor, estabilizando las patologías. Los pacientes continuamos luchando por nuestra supervivencia.

Por otra parte, cuando comienzas tu camino con la Medicina, probablemente existe una visión posibilista que todo tiene una solución. Sin embargo, el paso del tiempo va poniendo el conocimiento en su lugar, las limitaciones de la ciencia, ya que los tejidos mutan y expresan genes de los que no tenemos conocimientos o, por lo menos, armas para combatirlos, es como si nuestros ecosistemas escondieran tantos secretos, que ir descifrándolos es nuestra obligación, no palabrería, para salvar vidas o cronificar la enfermedad.

Así fue como hubo que aceptar que el equilibrio entre la vida y la muerte es sutil. Que los quereres no significan realidades, aunque haya que luchar por ellos. Que la maquinaria de la célula es tan compleja que los desvíos permanentes se graban en su memoria celular y a veces no hay retorno y, que cuando aparece la enfermedad, puedes vivir o morir más allá del conocimiento.

Hace más de treinta años, en el siglo XX, las innovaciones tecnológicas en el mundo de la nutrición enteral comenzaron a progresar notablemente. En algunos casos, aunque se planteen tratamientos proactivos a los que el paciente puede responder, no hay tiempo para una segunda oportunidad.

Siempre me ha costado aceptar las normas. En algunos corchos de diferentes facultades, se leen recomendaciones del tipo de estética profesional a mantener. Todo ello nos lleva hacia una reflexión más profunda sobre cómo debemos mostrarnos los profesionales con salud ante los enfermos sin salud en la evaluación clínica. No obstante hay gente a la que deberían decirle que son inmorales con su exaltación del triunfo, de la belleza y de la salud personal.

También la colaboración entre los niveles asistenciales siempre ha sido dificultosa. Las interrelaciones entre ambos niveles asistenciales, permitió el desarrollo de los Programas de Mejora del Salud, en vigencia actual. Además el avance del Covid, facilitó un desarrollo tecnológico primitivo y permitió implantar la teleconsulta, entre niveles asistenciales. Los nuevos modelos híbridos e incompletos de teleasistencia, sirven como canal de comunicación entre profesionales. Se necesita un cambio radical que mejore las aportaciones de la tecnología y la coordinación entre niveles asistenciales, de forma similar a la implantación de la teleasistencia en países con gran dispersión geográfica de su población.

Sobre la estructura sanitaria no transferida también pesan los dolores de los múltiples profesionales, en particular las mujeres, que dejaron de coger sus plazas porque los destinos sobrepasaban las posibilidades de mantener su entorno familiar. Las diferentes formas de estar en el sistema, han dado lugar a una relación laboral en la cual puedes implicarte bastante o mucho o ser funcionario de 8 a 15 horas, los premios y el sueldo son iguales ante San Salud y lo importante es ser *cool*.

Ser *cool* es tan importante como ser joven, en un sistema sanitario y con una plantilla que solo premia la batalla del día a día. De hecho hay que ver la infraestructura de Atención primaria, a demanda, en patologías como las oncológicas, claramente deficitarias en la atención programada de este primer nivel asistencial.

Nuevos gestores, más preparados, con una visión clínica y de apoyo a los profesionales, son necesarios para hacer un gran cambio que es imprescindible.

Termino. Quiero agradecer a los múltiples pacientes, artesanos en sus horas de ocio que, con sus pendientes, muñecas, inventos de mejora en la administración de insulina, pinturas, plantas, opiniones, poemas, escritos y detalles, han hecho que este camino fuera más divertido y lleno de una visión tan multidisciplinar como la vida misma.

| ATANDO CABOS |

Concha Vidal

Sibirana
EDICIONES

COLECCIÓN
Cajón
de Sastre